Internetadressen für PGP-???en

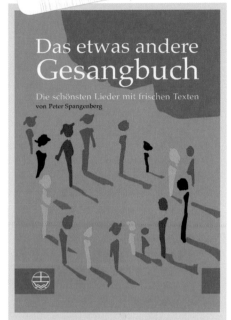

BETEN

Liebe Leserinnen und Leser,

Lars Charbonnier,
PGP-Schriftleiter

„Ein Gebet ist die kürzeste Verbindung zu Gott." Kaum ein Satz ist mir aus meiner Konfirmandenzeit so in Erinnerung geblieben wie dieser. Er begleitet mich seitdem in meinem zweifelnden Fragen nach Gott, in meinen festen Schritten glaubender Zuversicht, im suchenden Seelsorgegespräch, beim sonntäglichen Mittagessen oder kurz vor dem Zufallen der Augen. Egal, wie nah oder fern ich mich selbst Gott fühle, wie ich diese(n) überhaupt für mich denke und diese Beziehung gestalte, dieser Satz ist beruhigende Vergewisserung und kritische Infragestellung, theologische Kernwahrheit und Objekt spannendster Forschung. Alles andere wäre auch überraschend, gehört doch das Gebet zum Glauben wie das Amen in die Kirche – oder gerade anders herum?

Zugleich braucht es immer wieder neue, für jeden Einzelnen andere, im Lauf eines Lebens unterschiedliche Formen, Verstehensweisen und Erfahrungsdimensionen des Betens. Deshalb ist diese für viele so selbstverständliche religiöse Praxis immer wieder Gegenstand der vielfältigen Bildungsarbeit in der evangelischen Kirche. Mit dieser Ausgabe spüren wir dieser Vielfalt nach, fragen nach aktuellen Herausforderungen, neuen Erkenntnissen und alten Bräuchen. Wir haben einige Gebete gesammelt, Menschen nach ihrem Verständnis von Gebet befragt und eine ganze Reihe von Gebetsformen zusammengestellt – die konkrete Praxis schien uns für dieses Heft besonders wichtig. Aber natürlich bleibt auch die reflexive Ebene nicht ausgespart: Was Beten ist und wie es gelehrt und gelernt werden kann, wird erläutert, ebenso wie psychologische Wirkungen und Begründungen des Gebets beschrieben werden. Das Vaterunser bekommt besondere Aufmerksamkeit und auch der interreligiöse Blick wird wahrgenommen. Ein buntes Heft legen wir Ihnen hiermit vor, das die Vielfalt seines Themas widerspiegeln mag und Ihnen damit hoffentlich Anregung und Inspiration zum Denken und Handeln bietet!

Ein Wort in eigener Sache: Sie haben sicherlich bemerkt, dass wir das Erscheinungsdatum der PGP etwas verschoben haben. Die Hefte erscheinen weiterhin quartalsweise, seit diesem Jahr aber in der Mitte des Quartals und nicht mehr zu Beginn. Die Gründe liegen in den Produktionsprozessen und wir hoffen auf Ihr Verständnis! Herzlichen Dank!

Lars Charbonnier

Beten –
ein Einlasstor für Gott

Meditation

Magdalene Hellstern-Hummel

Auch wenn noch viele Menschen von sich sagen, dass sie beten, scheint oft gar nicht klar zu sein, was „Beten" eigentlich ist und was wir dabei tun.

Reden?!

Ich habe mal gelernt: Beten sei das Reden des Herzens vor Gott. Aber erlebt habe ich vor allem das Reden des Mundes: Angefangen von den Gebeten bei Tisch oder vor dem Schlafengehen in meiner Kindheit, nicht zu vergessen das prominenteste Gebet, das Vaterunser, oft gesprochen in der Kirche, in Andachten, bei Trauerfällen. Wenn nichts mehr geht, dann das. Aber auch Reden mit Gott, abgesehen von geformten Gebeten – Hilfeschreie, tiefgehende Gespräche, Lob, Bitte und Klage –, habe ich kennengelernt. So fängt Beten meistens an – und das ist gut so! Ich berge mich in alten Formeln, wenn mir selbst die Worte fehlen, oder ich schütte mein Herz aus.

Hören!

Der dänische Philosoph und Theologe Søren Kierkegaard beschreibt sehr schön, was bei einer Vertiefung des Gebetes geschehen kann, nämlich dass mein Reden aufhört und ich hörend werde. Er schreibt: „Als mein Gebet immer andächtiger und innerlicher wurde, da hatte ich immer weniger und weniger zu sagen. Zuletzt wurde ich ganz still. Ich wurde, was womöglich noch ein größerer Gegensatz zum Reden ist, ich wurde ein Hörer." Ich gehe sozusagen „auf Empfang", um etwas zu empfangen, was ich vorher noch nicht wusste oder dachte. Ich halte meine leere Hand hin, ich halte mich, mein Leben Gott hin und stelle mich in Gottes liebende Gegenwart. Dann kann es geschehen, dass ich mich und die Welt ganz neu zu sehen lerne.

Bitten?

Die meisten Menschen beten, manchmal auch ganz spontan, wenn sie in Not kommen, wenn sie selber nicht mehr weiterkommen, wenn „nur noch Gott helfen kann". Gebet ist dann die Bitte um Hilfe, Unterstützung, Beistand, Trost – oder manchmal auch um ganz bestimmte Dinge oder Anliegen. Gebet ist dann so etwas wie Gott zum Erfüller meiner Wünsche und Bedürfnisse zu machen.

Beten!

Es ist gut, sich in Not vertrauensvoll an den zu wenden, der der Grund des Lebens ist, aber wir müssen Gott, der die Liebe ist, nicht dazu bringen, lieb zu sein. Gebet ist vielmehr die Hinwendung, die Ausrichtung auf Gott selbst und es zielt in seiner Wirkung nicht so sehr auf Gott, sondern auf den Beter oder die Beterin selbst:

- In der Bergpredigt sagt Jesus über das Beten, dass wir nicht plappern, nicht viele Worte machen sollen, um etwas zu erreichen, denn „der Vater im Himmel weiß, was ihr bedürft, bevor ihr ihn bittet" (Matthäus 6,7). Gebet ist also Einübung in das Vertrauen, dass Gott um uns, um mich weiß, dass ich ihn nicht informieren muss, sondern mich einübe in eine Haltung des Vertrauens: Ich bin gehalten, ich lebe, weil ich das Leben Atemzug für Atemzug geschenkt bekomme.
- Im Gebet halten wir uns der Liebe Gottes und seinem Erbarmen hin. So kann die Fähigkeit zum Erbarmen mit mir selbst, anderen und allen Mitgeschöpfen in uns wachsen.
- Im Gebet geht es nicht darum, den Himmel zu erreichen oder Erleuchtungen zu haben, sondern darum, dass ich mich Gott aussetze.
- Gebet zielt auf das, was sich im Vaterunser in der Bitte „Dein Wille geschehe" ausdrückt: vertrauensvoll die eigenen Wünsche und Vorstellungen an Gott abgeben, so dass sein Wille zur eigentlichen Erfüllung unseres Lebens führt. Es geht darum, dem Geist, den wir von Gott empfangen haben und der Gott selbst ist, mehr Raum zu geben, so dass er in uns und durch uns betet.

So gesehen ist Gebet ein Einlasstor oder eine Tür für Gott in meinem Leben. Ich öffne mich für das Göttliche, für die Liebe, das Licht und Leben. Beten? Beten!

Pastorin Magdalene Hellstern-Hummel ist Referentin für Spiritualität und geistliches Leben im Gemeindedienst der Nordkirche.

Beten tut gut

Michael Utsch

Psychologisch gesehen ist Beten eine Wohltat für die Seele. Beten wirkt, so fassen Religionspsychologen den aktuellen Wissensstand zusammen. Dabei kommt es nicht so sehr auf die Adresse an, sondern vor allem auf den Absender: „Beten nützt – am meisten den Betenden." (Bucher 2016) Indem jemand ein Gebet losschickt, lässt er oder sie etwas Belastendes los. Gebete dienen also vor allem der Stressregulation und der Psychohygiene, das ist wissenschaftlich belegt. In diesem Sinn empfiehlt auch der bei säkularen Menschen weit verbreitete Ratgeber „Simplify your life" das Gebet uneingeschränkt. Er regt an, sich einen Gebetsplatz einzurichten, ein bestimmtes Ritual zu verfolgen, sich in eine geöffnete Kirche zu setzen, aber auch das stille Kämmerlein zu nutzen, mit dem Danken zu beginnen, ja selbst das Tischgebet nicht zu verschmähen: „Entstauben Sie das Beten!" (Küstenmacher 2016, 412) Beten tut demnach mindestens so gut wie Aufräumen und Entrümpeln.

Die Wohltaten des Betens schätzen nicht nur religiöse Menschen. Spätestens in Krisenzeiten oder bei einem schweren Unfall wird das Schicksal angerufen und ein Stoßgebet zum Himmel geschickt. Das sprichwörtliche „Not lehrt beten" ist empirisch gut bestätigt (Bucher 2016). Auch Agnostiker greifen in Krisenzeiten zu diesem Hilfsmittel – man weiß ja nie. Das ist bemerkenswert, weil die traditionelle Kirchenmitgliedschaft mehr und mehr verschwindet. Gehörten in den 1950er Jahren noch über 90 Prozent der deutschen Bevölkerung einer der beiden großen Kirchen an, sind es heute noch 55 Prozent – mit weiter sinkender Tendenz. Deshalb hat in einer empirischen Pilotstudie die Religionspsychologin Sarah Demmrich-Kaboğan (2016) die emotionsregulierenden Funktionen des Gebets an 30 ostdeutschen Jugendlichen untersucht. Elf Jugendliche haben in einer persönlichen Krisenzeit das Gebet als einen rituellen Bewältigungsversuch eingesetzt. In der Untersuchungsgruppe wurde das Gebet als Strategie zur Emotionsregulierung eingesetzt, primär über die Strategie der kognitiven Neubewertung. Die Forscherin fand in der Nutzung des Gebets einen Perspektivwechsel, der auch säkularen Menschen die Möglichkeit bot, durch die Steuerung der eigenen Emotionen das Wohlbefinden zu stärken und zukünftige Entwicklungsaufgaben besser zu bewältigen.

Nur dezidierte Atheisten, die gegen ein neurotisches Gottesbild ihrer Kindheit ankämpfen oder einseitig naturalistisch eingestellt sind, können nicht von Gebeten profitieren. Ein bekanntes Beispiel dafür ist der Freiburger Psychoanalytiker Tilmann Moser, der vor über 40 Jahren „explosionsartig" in wenigen Wochen seine „Gottesvergiftung" niederschrieb. Moser (2016) möchte von Gott in Ruhe gelassen werden. Aber er gibt zu: „In den dunkelsten Zeiten mehrerer Depressionen hatte ich Bet-Rückfälle, die aber in Beschämung endeten." Diese heftige Gefühlsreaktion zeigt, wie langwierig und komplex die Überwindung eines destruktiven Gottesbildes ist (Zwingmann, Klein, Jeserich 2017).

Heute sind besonders Neurowissenschaftler an den Hirn- und Verhaltensänderungen durch meditative Praktiken interessiert. In den Forschungszweigen der Neurotheologie und kontemplativen Neurowissenschaft wird intensiv daran gearbeitet, besser zu verstehen, welche Körperübungen und mentalen Techniken therapeutisch wirksam sind (Ott 2011). Während klassische Gebetsformen mit einer personalen Gottesvorstellung abnehmen, boomen säkularisierte Gebetsmethoden. Angeblich weltanschaulich neutrale Achtsamkeitsmethoden haben die christliche Meditationsbewegung der 1980er Jahre abgelöst. Hier wird ein Gebet nicht als personale Transzendenzbeziehung verstanden, sondern als Wahrnehmungs- oder Konzentrationsübung in einem rituellen Kontext. Michael „Curse" Kurth (2018), der sich als Wegbereiter der deutschen

Rapmusik, Buddhist, systemischer Coach und Yogalehrer vorstellt, hat eine eigene Meditationsmethode entwickelt, die zu mehr Achtsamkeit, Dankbarkeit, Körperbewusstsein und einem wachen Umgang mit digitalen Medien führen soll. Auch in professioneller Psychotherapie ist das Interesse an säkularen Ritualen gewachsen. Erstaunlich allerdings, dass in dem einschlägigen Buch zum Thema von Brentrup und Kupitz (2015) neben säkularen Techniken schamanische, buddhistische, Quantenheilungs- und hawaiianische Methoden vorgestellt werden, der Erfahrungsschatz der christlichen Mystik-Traditionen aber gänzlich fehlt. Meditative Versenkung und Selbsterfahrung stehen hoch im Kurs, während das Beziehungsangebot des christlichen Glaubens aus dem Blick gerät.

Stellt die im Gebet hergestellte Gottesbeziehung eine Art „Glaubensmedizin" dar, durch die Wünsche erfüllt werden können? Schon Joachim Scharfenberg wies auf dieses Missverständnis hin und beschrieb das Gebet als „Erziehung des Wunsches". Meyer-Blanck (2001) stellt der aus seiner Sicht kritikwür-

digen Instrumentalisierung des Glaubens eine „therapeutische Liturgietheologie" entgegen. Demnach wirken liturgische Elemente, spirituelle und rituelle Handlungen dann therapeutisch, wenn sie nicht therapeutisch funktionalisiert werden. Glaube darf nach seinem Verständnis nicht als Therapeutikum missverstanden und "als spezifische Form von Psychopharmakon verstanden und damit trotz bester Absichten depotenziert werden. Es geht in der Religion um einen Wirklichkeitsbereich menschlichen Erfahrens und Lebens, der nicht medizinisch ersetzt werden kann und der auch nicht der psychologischen Machbarkeit unterliegen soll. Liturgisches Handeln wirkt gerade dadurch, dass es nicht wirken soll, vergleichbar vielleicht der Liebe, die nur dann Berge versetzt, wenn sie nicht intentional eingesetzt wird".

Beten einzuüben und die Wahrnehmung für die Gegenwart des unsichtbaren Gottes zu schärfen stellen zentrale religionspädagogische Aufgaben dar. Das große Interesse an Meditation bietet heute gute Möglichkeiten, die Erfahrungsschätze der christlich-kontemplativen Tradition einzubringen.

Literatur

Brentrup, M. & Kupitz, G. (2015): **Rituale und Spiritualität in der Psychotherapie**. Göttingen: Vandenhoeck & Ruprecht.

Bucher, A. (2016). **Beten nützt – am meisten den Betenden**. Empirisch-psychologische Befunde zur religiösen Urhandlung. In: M. Arnold, P. Tull (Hg.): Theologie und Spiritualität des Betens. Handbuch Gebet. Freiburg: Herder, 296–305.

Demmrich, S. (2016): **Das emotionsregulative Potential von Gebeten**. Theoretische Ausführungen und empirische Befunde an ostdeutschen Jugendlichen. In: M. Arnold, P. Tull (Hg.). Theologie und Spiritualität des Betens. Handbuch Gebet. Freiburg: Herder, 387–397.

Kurth, M. (2018): **Stell dir vor, du wachst auf**. Die OOOO+X-Methode für mehr Präsenz und Klarheit im Leben. Reinbek: Rowohlt.

Küstenmacher, W. T., Seiwert, L. (2016): **Simplify your life**. Frankfurt: Campus.

Meyer-Blanck, M. (2001): **Liturgie und Therapie**. Praktisch-theologische Impulse für eine neue Annäherung, Praktische Theologie 36, 269–278.

Zwingmann, C., Klein, C., & Jeserich, F. (Hg.) (2017): **Religiosität – die dunkle Seite**. Beiträge zur empirischen Religionsforschung. Münster: Waxmann.

Moser, T. (2016): **„Du lässt mich in Ruhe – und ich dich"**. Warum ich nicht bete. Publik Forum Dossier „Warum ich (nicht) bete", 17.

Ott, U. (2011): Religion in der neurowissenschaftlichen Forschung. In: P. Becker, U. Diewald (Hg.): Zukunftsperspektiven im theologisch-naturwissenschaftlichen Dialog, Göttingen: Vandenhoeck & Ruprecht, 315–325.

Dr. Michael Utsch ist Psychologe, Psychotherapeut und Religionspsychologe. Er arbeitet als wissenschaftlicher Referent bei der Evangelischen Zentralstelle für Weltanschauungsfragen (EZW) in Berlin und ist Honorarprofessor an der Evangelischen Hochschule Tabor in Marburg.

Statements zum Thema „Beten":

„Also, beten finde ich gut, weil dann Gläubige Kontakt mit Gott aufnehmen können und mit ihm reden. Ich selbst bete nur im Gottesdienst."

Alana, 13 Jahre

Beten lehren und lernen?

Annäherungen an ein umstrittenes Thema

Marcell Saß

„Das darf man ja als Lehrerin nicht mit den Schülerinnen und Schülern machen", sagt die Lehramtsstudentin. Sie meint damit das Beten und erläutert ihre Einschätzung mit einem Hinweis auf die weltanschauliche Neutralität der Schule, fügt dann aber noch einen aus ihrer Sicht theologischen Grund hinzu: „Beten ist ja außerdem Privatsache, das kann man nicht lehren!"

Mal abgesehen davon, dass verfassungsrechtlich (Art. 4 und Art. 7,3 GG) die Studentin mit ihrer Einschätzung nicht ganz richtig liegt[1], zeigt das Beispiel: Ob man Beten lehren und lernen kann bzw. soll, ist höchst umstritten und zwar sowohl im schulischen Kontext als auch im kirchlichen.

Dahinter verbergen sich jeweils Diskurse, die zwar in ihrer Begründung sehr unterschiedlich sind, in ihren Ausschließungspraktiken jedoch strukturgleich. Zu unterscheiden sind eine (vermeintlich) schulpädagogische Begründung und eine (vermeintlich) theologische. Mit Hinweis auf das „Überwältigungsverbot" sieht die *schulpädagogische* Begründung in einer unterrichtlichen Gebetspraxis eine Gefahr für die Schülerinnen und Schüler: „Der personale Kern des Schülers ist für die Schule unverfügbar – ‚das Beten' im Klassenzimmer darf diesen Kern nicht tangieren."[2] In der Konsequenz läuft dies auf eine klare Distanzierung hinaus und traktiert das „Beten" religionskundlich. Wissenserwerb „über" Gebete ist möglich, Beten lehren und lernen als Vollzug jedoch nicht. Fokussiert wird die (zumeist) kognitive Reflexion dessen, was ein Gebet ausmacht, bzw. mit welcher Motivation Menschen in unterschiedlichen Religionen beten. Ausgeschlossen bleibt jedoch, dass Beten eben nicht nur distanziert Gegenstand kognitiver Reflexion ist, sondern stets auch partizipativ als religiöse Praxis lebensweltlich vorkommt.

Während also diese Position mit pädagogischen Argumenten zu einem negativen Befund insb. für den Lernort Schule kommt, können *theologische* Argumente zu einem identischen Ergebnis für den kirchlichen Kontext kommen. Dann dient der Hinweis auf den für Menschen unverfügbaren Geschenk-Charakter des Glaubens, und damit auch der individuellen Gebetspraxis als Glaubensakt, als Schutz gegenüber einer unzulässigen „Pädagogisierung" liturgischer Praxen. Dahinter verbirgt sich die in der Praktischen Theologie historisch gewachsene Trennung religionspädagogischer und liturgiewissenschaftlicher Perspektiven, die Gottesdienst und Lernen, religiöse Praxis und deren reflexive Erschließung gerade nicht integrativ denkt.

Beide Begründungsmuster suggerieren eine einfache Antwort und bedürfen vertiefter praktisch-theologischer sowie bildungstheoretischer Überlegungen. Folgendes Problem begegnet hier: Sowohl die von der Schule her argumentierende „ideologische Distanznahme"[3] als auch die von der Unverfügbarkeit des Glaubens her bestimmte Zurückhaltung lösen eine für den Protestantismus konstitutive Unterscheidung einseitig auf, nämlich die Unterscheidung von Religion und Theologie, Religiosität und Glaube. Diese auf Johann Jakob Semmler (1725–1791) zurückgehende Unterscheidung versteht „die Deutung menschlichen Erlebens unter Bezugnahme auf ein Unbedingtes *sub specie hominis* als ‚Religion' beziehungsweise ‚Religiosität', *sub specie Dei* als ‚Glauben'. ‚Religion' stellt die dem menschlichen Verstehen und Verfügen zugängliche Seite dessen dar, was in theologischer Perspektive ‚Glaube' genannt wird. (Christliche) ‚Religion' und (christlicher) ‚Glaube' sind also keine verschiedenen Sachverhalte, sondern Begriff gewordener Ausdruck unterschiedlicher Perspektiven auf denselben Sachverhalt".

Wer also, aus pädagogischen oder theologischen Gründen die Frage nach der Lern- und Lehrbarkeit des Betens vorschnell negativ abweist, schließt Möglichkeiten einer diffe-

renzierten Auseinandersetzung aus, anders formuliert: Die produktive Bearbeitung eines für evangelische Religion konstitutiven „Paradoxes" wird vermieden, und zwar in doppelter Hinsicht: Der theologische Vorbehalt gegenüber einer pädagogischen Funktionalisierung übersieht, dass Beten auch als Glaubensakt eingebettet ist in menschliche Lehr-/Lernprozesse, ohne jedoch darin aufzugehen oder daraus unmittelbar hervorzugehen. Der pädagogische Einspruch hingegen übersieht bildungstheoretisch das In- und Nebeneinander von „religiöser Rede" und der „Rede über Religion".

Die religionspädagogischen Überlegungen Bernhard Dresslers bieten in diesem Zusammenhang nun wichtige Anregungen.[4] Über die distanziert-reflexive, meist kognitive „Rede über Religion" hinaus wird hier bildungstheoretisch fundiert und in Auseinandersetzung mit Friedrich Schleiermachers Religionsbegriff auch die „religiöse Rede" selbst konzeptionell aufgenommen – und zwar im Begriff der „Performanz": „Eine Didaktik, die die Performanz religiöser Praxis in den Blick nimmt, macht sich die Ansicht zu eigen, dass die christliche Religion nicht mitgeteilt werden kann, ohne immer auch zugleich dargestellt zu werden."[5] Ernst genommen wird hier die Einsicht, dass Bildungsprozesse sehr grundsätzlich das Selbst-Weltverhältnis von Menschen tangieren, und zwar in unterschiedlichen Fachkulturen auf differente Weise. Am Lernort Schule bieten die verschiedenen Fachkulturen wie z. B. Mathematik, Geschichte, Sprachen, aber auch Religion/Philosophie, voneinander zu unterscheidende, jedoch gleichwertige „Modi der Weltbegegnung" (Baumert). In der Art und Weise, wie Bildungsprozesse initiiert werden, zeigen sodann kulturelle Praxen wie z. B. Sport oder Musik eine spezifische Eigenlogik: Bildung erschöpft sich hier gerade nicht in einem rein enzyklopädischen Wissen über sie, sondern Lehr-/Lernprozesse changieren zwischen Partizipation und Distanz. Das

gilt nun auch für den Bereich der Religion als einer eigenen Praxisform. Die Fähigkeit zum Perspektivwechsel zwischen den unterschiedlichen Logiken der Welterschließung der verschiedenen Fächer ist damit konstitutiv für Bildung. Für den Bereich religiöser Bildung gilt dann aber: Partizipation *und* Reflexion, Wissen und Handeln sind in-, mit- und nebeneinander Ausdruck der spezifischen Logik ev. Religion und sollten beide in Bildungsprozessen auch vorkommen. Gleichzeitig wird bei Dressler aber sowohl der theologische Hinweis auf die Unverfügbarkeit des Glaubens als auch die pädagogische Warnung vor einer „Überwältigung" der Schülerinnen und Schüler aufgenommen, indem „didaktische Inszenierungen von Religion" als „Probeaufenthalte in religiösen Welten" begriffen werden.[6]

Interessant ist nun, dass man dieser dezidiert bildungstheoretischen sowie am protestantischen Religionsbegriff orientierten Argumentation praktisch-theologische Überlegungen Christian Grethleins zur Seite stellen kann, die sich in ihren theoretischen Grundlagen zwar von denen Dresslers klar unterscheiden, in der hier diskutierten Frage aber zu einem ähnlichen Ergebnis führen.

Grethlein problematisiert die fehlende „inhaltliche Bestimmtheit" einer wesentlich protestantischen Unterscheidungskategorie Religion und konturiert deshalb die Praktische Theologie als „Theorie der Kommunikation des Evangeliums".[7] Mit Hilfe des Kommunikationsbegriffs wird hier zunächst eine nicht-funktionale, offene Perspektive eingespielt. Charakteristisch für Kommunikationsprozesse ist ihre grundsätzliche Offenheit und ihre potenzielle Gefährdung durch Missverständnisse. Das ist auch bildungstheoretisch anschlussfähig, wenn nämlich Bildung gerade dann besonders aussichtsreich erscheint, wenn sie nicht-funktional organisiert wird und zudem die prinzipielle Kontingenz ➔

von Bildungsprozessen am Ort des Individuums beachtet wird. Inhaltlich stellt Grethlein nun dieser weiten Vorstellung von Kommunikation den Begriff „Evangelium" zur Seite, wobei dieser gerade nicht rein material gedacht wird. Gemeint ist nicht „das Evangelium" als ein feststehender, in Kommunikationsprozessen zu vermittelnder Gehalt. Vielmehr ist „Evangelium" selbst ein kommunikatives Phänomen, nämlich die medientheoretisch beschreibbare Verarbeitung dessen, was Grethlein „Wirken und Geschick Jesu" nennt.[8] Die „Kommunikation des Evangeliums" grundiert nun auch das Beten als ein kommunikatives Phänomen mit spezifischer inhaltlicher Bestimmtheit und ist damit auch für eine Fachdidaktik Religion anregend: Im Rahmen des Bildungsziels „Befähigung zum Christ-Sein" für den Religionsunterricht hat Grethlein Beten als kompetenzorientierte Konkretion eben dieses Bildungsziels verstanden: „Im Sprachspiel der neueren Lehrpläne formuliert: Es handelt sich beim Beten um eine Kernkompetenz, die im Religionsunterricht zu erlernen ist (ob diese Kompetenz dann tatsächlich praktiziert wird, hängt von den Einzelnen ab, wie auch bei anderen in der Schule vermittelten Kompetenzen)."[9]

Das konturiert nun m.E. durch den christlich konnotierten, kommunikations- sowie medientheoretisch fundierten Begriff Evangelium genau das, was die bildungstheoretisch fundierte Perspektive durch die Unterscheidung von „religiöser Rede" und „Rede über Religion" einzuholen versucht. Beten zu lehren und zu lernen ist damit notwendiger und auch wesentlicher Teil religiöser Bildung (allerdings nicht operationalisierbares Lernziels), und zwar unabhängig davon, ob man von der „Inszenierung von Religion" (Dressler) oder der „Kommunikation des Evangeliums" (Grethlein) ausgeht.

Anmerkungen:

1 Hier gilt, was auch über Gottesdienste in der Schule gesagt werden kann: Entgegen einer laizistisch missverstandenen Trennung von Staat und Religionsgemeinschaft gilt es, positive und negative Deutungen der Religionsfreiheit angemessen ins Verhältnis zu setzen. Vgl. dazu M. Saß, Gottesdienst und Schule, in: Entwurf 4/2017, 9–11.

2 So J. Heumann in seiner polemischen Auseinandersetzung mit C. Grethleins Fachdidaktik Religion. Vgl. J. Heumann, Religionsunterricht darf kein Gebetsunterricht sein, in: Theo-Web 8/2009, 75–85, 82.

3 Vgl. C. Grethlein, Schülerorientierung, nicht ideologische Distanznahme!, in: Theo-Web 9/2010, 240–248.

4 Vgl. B. Dressler, Darstellung und Mitteilung. Religionsunterricht nach dem Traditionsabbruch, in rhs 1/2002, 11–19; Ders., Unterscheidungen. Religion und Bildung, Leipzig 2006; Ders., Modi der Weltbegegnung als Gegenstand fachdidaktischer Analysen; in: JMD 3-4/2007, 249–262;

5 B. Dressler, a.a.O., 14.

6 Ebd.

7 Vgl. C. Grethlein, „Religion" oder „Kommunikation des Evangeliums" als Leitbegriff der Praktischen Theologie?, in: ZThK 112/2015, 468–489.

8 Vgl. C. Grethlein, Praktische Theologie, Berlin/New York ²2016.

9 C. Grethlein, a.a.O., 246 (Anm. 3).

Dr. Marcell Saß ist Professor für Praktische Theologie an der Philipps-Universität Marburg und Direktor im dortigen Zentrum für Lehrerbildung.

Morgengebete

Morgengebet

Vater im Himmel,
Lob und Dank sei dir für die Ruhe der Nacht,
Lob und Dank sei dir für den neuen Tag.
Lob und Dank sei dir für alle deine Güte und Treue
                                in meinem vergangenen Leben.
Du hast mir viel Gutes erwiesen,
lass mich nun auch das Schwere aus deiner Hand hinnehmen.
Du wirst mir nicht mehr auflegen, als ich tragen kann.
Du lässt deinen Kindern alle Dinge zum Besten dienen.
Herr, was dieser Tag auch bringt – dein Name sei gelobt.
Amen.

Dietrich Bonhoeffer

Gebet am Morgen

Herr, ich werfe meine Freude wie Vögel an den Himmel.
Die Nacht ist verflattert, und ich freue mich am Licht.
Deine Sonne hat den Tau weggebrannt
vom Gras und von unseren Herzen.
Was aus uns kommt und was in uns ist an diesem Morgen –
alles ist Dank.
Herr, ich bin fröhlich heute am Morgen.
Die Vögel und die Erde jubilieren, und ich singe auch.
Das All und unsere Herzen sind offen für deine Gnade.
Ich fühle meinen Körper und danke.
Das Meer rollt gegen den Strand, ich danke.
Die Gischt klatscht gegen unser Haus, ich danke.
Herr, ich freue mich an der Schöpfung
und dass du dahinter bist und daneben
und davor und darüber und in uns.
Ich werfe meine Freude wie Vögel an den Himmel.
Ein neuer Tag, der glitzert und knistert,
knallt und jubiliert von deiner Liebe.
Jeden Tag machst du. Halleluja, Herr!

aus Westafrika

Statements zum Thema „Beten":
„Beten ist für mich laut oder leise mit Gott
in Kontakt zu treten und meine Gedanken,
meine Fragen und meinen Dank auszusprechen und Klarheit bei wichtigen Fragen zu
bekommen."
Sigrid, 58 Jahre

„Der Himmel ist überall"

Beim Beten die Blickrichtung wechseln

Sabine Bobert

„Halt an, wo läufst Du hin? Der Himmel ist in Dir.
Suchst du Gott anderswo, du fehlst ihn für und für."

Der Theologe, Arzt und Mystiker **Angelus Silesius** (1624–1677) greift für diesen Aphorismus auf eine Aussage Jesu zurück: „Man wird nicht sagen: Siehe hier oder da ist es! Denn sehet, das Reich Gottes ist inwendig in euch." (Lk 17,20 f.)

Wie werden wir dieser Tatsachen beim Beten inne? So dass wir nicht nur davon wissen, sondern sie selbst erfahren können? Die Antwort der christlichen Mystik ist, die Blickrichtung zu wechseln: von der Außenperspektive zur Innenperspektive. Der indische Jesuit Sebastian Painadath macht darauf aufmerksam, dass das mystische Einheitserlebnis mit der Selbstrücknahme des im Alltag ständig nach Außen projizierenden Geistes einhergeht. Die verbale Gebetssprache, die kirchlich vertraut ist, ist stark von Projektionen im psychoanalytischen Sinne geprägt. Sie vermag den Willen, das Herz und den Kopf in Richtung Gottes Gegenwärtigsein zu leiten. Aus der Sicht der Mystik müssen aber schließlich auch diese Projektionen als selbst erschaffen ins Bewusstsein gehoben und aufgehoben werden. Sonst werden sie zu einem Hindernis für genau die Erfahrung, zu der sie erschaffen wurden. Das Erkennen und Aufheben der Projektionen mündet in der Wahrnehmung, dass der vereinigte Zustand schon immer bestanden hat und nur durch die Projektionen und eigenen Geistes- und Seelenbewegungen in der Wahrnehmung verstellt wurde. Die Seele braucht Bilder, um den Menschen zu bewegen, Gott zu suchen. Der Geist wird mit höherer Klarheit zum Bilderstürmer, wie es Meister Eckart beschreibt: „Scheidet ab die bildhafte Erscheinung und vereinigt euch mit dem formlosen Sein." Auf der projizierenden Ebene des alltäglichen Verstandes erscheint die äußere Welt von der inneren Welt als getrennt. Es ist die Welt der Subjekt-Objekt- und der Ich-Du/Es-Beziehungen. Mittel zur verstandesbezogenen Vergegenständlichung Gottes sind Namen, Formen,

Bilder, Vorstellungen, die zum jeweiligen gesellschaftlichen Kontext passen. Ebenso wie Gott wird Christus auch vergegenständlicht. „Christus kommt da gewissermaßen von außen auf uns zu." Er wird zu einem „Kultgegenstand", einem „Denkgegenstand", zu einer „Herren-Gestalt" „objektiviert und fast politisiert". Das Ziel ist im Gebetsverständnis christlicher Mystik, Gottes Gegenwart in allen Dingen und Prozessen auf Erden wahrzunehmen, möglichst dauerhaft. Letztlich geht es um die Überwindung dualer Projektionen derart, dass Gott irgendwo in der Ferne im Außen sei und der Mensch Gott fern oder verlassen sein Leben lebt. Im Einheitserleben erfährt der Mensch, dass Gott ihm schon immer näher war als er sich selbst.

Der US-amerikanische Psychologe Abraham Maslow (1908–1970) versteht den Menschen von seiner biologischen Natur her auf mystische Gipfelerfahrungen zur vollen Gesundheit und Wesensentfaltung hin angelegt. „Der Mensch besitzt eine höhere und transzendente Natur, und sie ist Teil seines Wesens, d.h. seiner biologischen Natur als Mitglied einer Gattung, die der Evolution entsprungen ist." Nach Maslows Forschung handelt es sich bei mystischen Gipfelerfahrungen um menschliche Wesenserfahrungen. Sie stehen jedem Menschen offen, und jeder benötigt sie zu seiner vollen Gesundheit und Wesensentfaltung. „Sie beschränken sich nicht auf randständige Menschen, d.h. Mönche, Heilige oder Yogis, Zen-Buddhisten, Orientalen oder Menschen in einem besonderen Stand der Gnade." Der Zugang zu solchen Gipfelerfahrungen ist nicht an spirituelle Übungen – wie Stille und Meditation – gebunden. Sie widerfahren – unter bestimmten Bedingungen – Menschen mitten im Alltag. „Der Himmel ist überall um uns herum, steht im Prinzip immer zur Verfügung, bereit, für in ein paar Minuten betreten zu werden

Er ist überall – in der Küche, bei der Arbeit oder auf einem Basketballplatz – überall dort, wo Vollkommenheit passieren kann, wo Mittel zum Zweck werden oder wo ein Job richtig gut gemacht wurde. Das Leben allseitiger Verbundenheit ist leichter erreichbar, als jemals erträumt."

Inwieweit ist eine Vorbereitung auf mystische Einheitserfahrungen möglich? Und wie verträgt sich eine Vorbereitung mit der evangelischen Rechtfertigungslehre? Für eine Antwort gehe ich jetzt näher auf die Frage nach Sinn und Grenze von Vorbereitung ein. Hierbei hebe ich drei Voraussetzungen als zentral hervor: a) emotional entspanntes, b) willentliches Geschehenlassen, c) bei gleichzeitig hoher geistiger Klarheit und Wachsein. Die gegensätzliche, unförderlichste Haltung wäre: ein gestresstes, gedanklich zerstreutes oder multitaskendes, willentliches Machenwollen.

a) Entspannte Passivität: Sowohl die Mystiker als auch Abraham Maslow auf der Grundlage seiner Forschung über Einheitserlebnisse heben hervor, wie wichtig es ist, die alltäglichen Bemühungen hinter sich zu lassen. Fast könnte man sagen: Der Wille hat die Aufgabe, die alltäglichen Reflexionen, Sorgen und Bemühungen zum Schweigen zu bringen. Insofern entspricht gerade die Haltung des Mystikers der Pointe der Rechtfertigungslehre. Gustav Mensching fasst in seinem Buch „Das Heilige Schweigen" die Auffassung der Mystik wie folgt zusammen: „… der Wille hat die Aufgabe, sich selbst aufzuheben." Maslow vergleicht die notwendige Grundhaltung für das mystische Einheitserleben mit den Grundhaltungen des Geschehenlassens beim sexuellen Erleben, Einschlafen, Entspannen oder Wasserlassen. „Man muss in der Lage sein, Stolz, Wille, Macht, Steuerung, Kontrolle aufzugeben. Man muss in der Lage sein zu entspannen und es passieren

zu lassen." „So läuft die ganze Sache nicht bloß in religiöser Bekehrung oder mystischer Erfahrung ab, sondern auch in der Sexualität." „Gleiches gilt für Wasserlassen, Stuhlgang, Schlafen, Entspannung, etc. Alles das beinhaltet die Fähigkeit, loszulassen, die Dinge geschehen zu lassen."

b) Emotionale Resonanzfähigkeit zum Einheitserleben: Abraham Maslow hebt die Verschränkung von Werten und emotionalem Gestimmtsein zwischen dem Wahrnehmenden und Wahrgenommenen hervor. Maslow: „Es scheint mir bereits festzustehen, dass irgendeine Art von dynamischem Isomorphismus im Gange ist, eine Art gegenseitiger und paralleler Rückkoppelung oder ein Nachhall zwischen den Eigenschaften des Wahrnehmenden und der wahrgenommenen Welt, so dass sie dazu neigen, sich gegenseitig zu beeinflussen." „Güte kann eigentlich nur von einem gütigen Menschen wahrgenommen werden. … die Person, die gut, wahrhaftig und schön ist, kann dies auch in der äußeren Welt wahrnehmen."

c) Fokussiertes Beobachten und Überwinden der Gedankenmühle und sich in dieser Freiheit vom Moment fesseln lassen. Diese Fähigkeit, sich auf das Hier und Jetzt voll und ganz einzulassen, kann durch fokussierende Meditationsformen wie Zen oder das christliche Jesusgebet eingeübt werden (vgl. Sabine Bobert, Mystik und Coaching, Münsterschwarzach 2011).

Die evangelische Theologin Sabine Bobert ist Professorin am Institut für Praktische Theologie an der Christian-Albrechts-Universität in Kiel.

Beten mit Kindern – Beten ein Leben lang?!

Urd Rust

Beten von Anfang an

Beten ist mir vertraut mein Leben lang. Meine Großeltern beteten schon früh am Morgen kniend am Bett miteinander. Später vor dem Frühstück wurden Kaffee, Eier und Brötchen kalt, bis der Großvater sein langes Gebet beendete. Wir beteten zu Hause vor dem Essen und es war besonders schön, wenn die Eltern abends noch einmal in das große Kinderzimmer kamen und sich zu uns setzten zum Singen und Erzählen. Unsere Nachtgebete waren oft Liedstrophen, ansonsten haben wir frei gebetet und das so schon früh gelernt. Beten gehörte zu meinem Leben stets dazu. Es war gut, dass ich religiös sprachfähig wurde und frei und ungezwungen mit Gott reden kann. In den Gottesdiensten bevorzuge ich aber vorgearbeitete Gebete. Sie sollen ja Gebete für viele sein. Außerdem hätte ich Bedenken ausufernd, unverständlich oder langweilig zu werden.

Beten ist keine verbreitete Praxis mehr

Ich erlebe inzwischen mehr junge Menschen, die Scheu vor dem Beten haben. Nicht nur die Kinder in unseren Gottesdiensten haben keine Gebetserfahrungen, auch unsere Mitarbeitenden beten oft nur unsicher. In einer Kindertagesstätte habe ich erlebt, dass die Erzieherin vor dem Imbiss zu den Kindern sagte: „Jetzt noch Beten!" Und dann folgte von netten passenden Bewegungen begleitet: „In Hamburg wohnt ein Bäckermeister. Hans-backt-Brötchen heißt er ..." Der Vers und seine pädagogische Absicht gefielen mir, aber ein Gebet war das nicht. Wann im Gottesdienst gebetet, wann gelesen, wann gepredigt wird, können viele Gottesdienstbesuchende ohne einleitende Worte und angeleitete Gesten heute oft nicht mehr unterscheiden.

Beten mit Kindern betrifft auch die Eltern

Von diesen Voraussetzungen müssen wir ausgehen, wenn wir in unserer Arbeit beten. Unsere eigene Gebetspraxis sollten wir im Blick haben. Das Gespräch mit Gott erfordert auf jeden Fall Ehrlichkeit. Wenn Kinder eine Chance haben sollen, eine eigene Gebetspraxis zu bekommen, dann ist auch Elternarbeit angesagt. Eltern sind oft dankbar für pädagogische Tipps zu Ritualen, Literaturhinweise und kleine Basteltipps. Auf jeden Fall gilt es, das Gebet in unseren Gottesdiensten (nicht nur mit Kindern) liebevoll und ernsthaft zu gestalten.

Am Anfang: ein Wickeltischsegen

Das Beten kann in kleinen täglichen Ritualen geübt und damit selbstverständlich werden – von Anfang an. Segnen gehört für mich dazu. Jungen Eltern schenke ich meinen Wickeltischsegen:

Beide Hände auf den Kopf des Kindes legen	Gott segne dich und behüte dich.
Hände auf die Schultern legen	Gott gebe dir Kraft und Mut.
Handflächen auf die offenen Handflächen legen	Gott schenke dir seinen Frieden.

Eltern können segnen

Kinder werden gesegnet – zum Abschied oder am Abend – das trauen sich nur wenige. Jede und jeder kann segnen. Die Hand auf dem Kopf des Kindes zeigt eine besondere Verbindung: Ich gebe weiter, was ich empfangen habe. Die Geste ist stark und wird – regelmäßig erlebt – nie vergessen, auch wenn uns die Sinne verlassen und viele Erinnerungen nicht mehr abrufbar sind.

Beten im Gottesdienst

Im Gottesdienst kann auf verschiedene Weise gebetet werden. Es gibt Gebete, die wir alle gemeinsam sprechen. Auch wenn uns der Text manchmal altertümlich vorkommt, strahlt er Vertrautheit aus. Manche Gebete spricht nur eine oder einer für alle, die anderen können schweigend mitbeten und vielleicht auch durch kurze Gebetsrufe bestätigen. Gebete können mit Gebärden begleitet, getanzt, gesungen werden. Symbole können helfen, einzelne Gedanken auszudrücken. Manchmal ist auch einfach nur Zeit stille zu werden vor Gott.

Beten in Gebetshaltung

Das Beten erfordert eine Gebetshaltung. Wenn ich bete, dann gehe ich davon aus, dass Gott für mich da ist. Also will ich auch ganz da sein. Das erleichtert die Gebetshaltung. Das muss nicht immer die gleiche Haltung sein, aber hilfreich ist es, diese einzuüben. In jedem Fall drückt die gemeinsam eingenommene Haltung aus: Ich bin jetzt ganz für Gott da. Ich bin bereit zum Gespräch mit Gott. Und weil wir alle die gleich Haltung angenommen haben, drückt dies noch einmal aus: Wir gehören zusammen. Nun kann gebetet werden.

Beten in der Familie

Es gibt für den Familienalltag zahlreiche Gebetssammlungen, Gebetswürfel, den Gebetstoaster oder andere praktische Hilfen. Die können regelmäßig genutzt werden, wenn Ruhe eingekehrt ist und jede und jeder die Chance hatte, Gebetshaltung einzunehmen.

Singen für- und miteinander

Lieder können Gebete sein. Lieder werden tief empfunden und tragen weit – ähnlich wie beim Beten und Segnen. Das immer gleiche Lied im Abendritual – wann wollen wir damit anfangen, wenn nicht sofort? Auf was warten wir? Im Gesangbuch finden wir sicher ein Abendlied, das uns anspricht. Es geht nicht um das Verstehen – nur um unser Dahinterstehen. Unsere mittlere Tochter forderte als Kleinkind von ihrem Papa immer wieder die Einschlafstrofe „Mein schönste Zier und Kleinod bist auf Erden du, Herr Jesu Christ". Den Text hat sie sicher nicht verstanden, wohl aber den väterlichen Gesang geliebt. Also nichts Kindisches oder etwas, dessen Aussage wir mal zurücknehmen müssten anbieten. Authentisches ist gefragt!

Beten am Tisch

Dass es nicht selbstverständlich ist, genug zum Leben zu haben, lehrt die Praxis des Tischgebetes. Auch das muss nicht zwanghaft, aber regelmäßig, geübt werden. Wir haben schon Gebetswürfel gebastelt, kennen verschiedene Gebete, die wir auch singen und rappen, aber der große Renner bei unseren Kindern und Enkeln ist der Tischgebetetoaster. Man kann ihn im Buchhandel erwerben. Es ist für die Kleinen und die Großen lustig, wenn ein Gebet als Toastscheibe herausspringt. Auch wenn einem nicht alle Gebete gefallen – es sind ja viele drin!

Beten von Anfang an

Schließlich noch etwas zum Anfangen: Mit dem Beten fängt man HEUTE an. Kein Kind ist zu klein und kein Erwachsener zu groß dazu. Je selbstverständlicher mir das Beten wird, umso mehr wird es tragen in der Not. „Oma! Amen!" sagt Matilda vor ihrem gefüllten Teller laut. Und die Oma ist dankbar, dass die Kleine mit ihren 18 Monaten nicht so vergesslich ist wie sie.

Eine Gebetskette für das Abendritual

Wir erinnern uns vielleicht noch daran: Wir lagen im kuscheligen Bett, Mama und/oder Papa setzten sich zu uns, lasen eine Geschichte vor und sprachen vielleicht ein Gebet. Das kennen wir heute noch. Gefühle kommen in uns auf, wenn wir es sprechen – auch wenn uns der Sinn der Worte heute vielleicht merkwürdig vorkommt. Wie können wir mit den Kindern beten und nicht nur für sie? Kinder beten mit allen Sinnen. Es hilft, wenn sie dabei etwas in der Hand haben, eine Gebetskette. Auf einen Bastfaden werden vier unterschiedliche „Perlen" gefädelt. Jede Perle bekommt eine Funktion.

- Danke-Perle: Wenn wir sie anfassen, dann sagen wir Gott alles, wofür wir dankbar sind, alles, was schön und gut war.
- Kummer-Perle: Wenn wir sie anfassen, dann können wir alles sagen, was uns auf dem Herzen liegt, was uns ärgert und traurig macht.
- Die-hab-ich-lieb-Perle: Wenn wir sie anfassen, befehlen wir Gott an, wen wir lieben.
- Geheimnis-Perle: Nicht alles müssen/wollen wir laut sagen. Wenn wir diese Perle anfassen, dann denken wir in uns alles „Unsagbare" vor Gott.

Das kleine Abend-Ritual wird mit einem Lied oder einem gereimten Gebet gerahmt. Ohne den Faden zu verlieren bringen wir mit den Kindern unsere Anliegen vor Gott. Dabei gilt die Regel: keine Anliegen kommentieren! Eine Bitte-Perle fehlt, denn es wäre unverantwortlich, bei Kindern den Eindruck zu erwecken, dass sie damit zaubern könnten. Wünsche gehen nicht immer in Erfüllung, wir können Gott nicht verpflichten, etwas für uns zu tun. Die Gebetskette fördert aber die religiöse Sprachfähigkeit und gibt gleichzeitig Orientierung. Das tut auch uns Erwachsenen gut.

Gebetskette

Tischgebetetoaster

Urd Rust, Beauftragte Pfarrerin für die Kindergottesdienstarbeit in der Evangelischen Kirche der Pfalz.

Gemeinsam vor Gott?

Gebete in den Religionen

Johannes Lähnemann

Milliardenfach wird täglich gebetet – überall in der Welt. Menschen wenden sich an Gott, an Götter, an überirdische hilfreiche Mächte, an ein Absolutes: in Stundengebeten die Mönche und Nonnen, in Gottesdiensten die Gläubigen christlicher Konfessionen, im dreimal täglichen Gebet orthodoxe Juden, im fünfmal täglichen Gebet fromme Muslime, in Puja-Verehrung Hindus, in Meditationen Buddhisten – in öffentlichen wie in ganz persönlichen Anrufungen und Bitten. Unendlich ist die Vielfalt. Dabei spiegeln die Gebete sehr deutlich die verschiedenen Glaubensformen. Wenn wir in unserer Nürnberger Gruppe der *Religionen für den Frieden* zu Gebetsstunden der Religionen zusammenkommen, respektieren wir die Vielfalt. Wir vereinheitlichen sie nicht, entdecken aber oft bei den ganz fremden Andachtsformen eine geistliche Tiefe, eine Ehrfurcht und Hingabe, eine

Sehnsucht nach Heil und Hilfe, einen Ansporn zu verantwortlichem Handeln, die uns anspricht.

In dem Buch „Spiritualität. Multireligiös. Begegnung der Religionen in Gebeten, Besinnungen, Liedern", das wir 2014 zum 25-jährigen Jubiläum unserer Nürnberger Gruppe herausgebracht haben (EB-Verlag Berlin), haben wir aus unseren Gebetsstunden gut 200 Texte zusammengetragen. Je ein aus diesem Band ausgewähltes Gebet/eine Meditation aus Judentum, Christentum, Islam, Hinduismus und Buddhismus kann zeigen, wie sich in ihnen grundlegende Glaubensüberzeugungen der jeweiligen Religion spiegeln, wie es aber auch verbindende Anliegen gibt, besonders, wenn es um die ethischen Überzeugungen und um die Solidarität in der Menschheitsfamilie geht.

Ein jüdisches Gebet nach Psalm 85,6-14 (S. 116)

Erweise uns, Ewiger, deine Gnade und gib uns dein Heil!
Hören will ich auf das, was G'tt der Ewige redet,
dass er Frieden zusagte seinem Volk und seinen Frommen, damit sie nicht in
Torheit geraten. Doch ist ja seine Hilfe nahe denen, die ihn fürchten,
dass in unserm Lande Ehre wohne; dass Güte und Treue einander begegnen,
Gerechtigkeit und Friede sich küssen;
dass Treue auf der Erde wachse und Gerechtigkeit vom Himmel schaue;
dass uns auch der Ewige Gutes tue und unser Land seine Frucht gebe;
dass Gerechtigkeit vor ihm her gehe und seinen Schritten folge.

Die Ehrfurcht vor Gott, seinem heiligen Namen, seiner unendlichen Größe kommt hier ebenso zum Ausdruck wir die Verheißung, dass er seinem Volk beistehen wird. Das ist verbunden mit der Überzeugung, dass Güte, Treue und Gerechtigkeit die Werte sind, denen das Volk Israel nacheifern und somit ein Beispiel geben soll im Zusammenleben aller Völker.

Ein christliches Gebet aus der orthodoxen Kirche (S. 105 f.)

Herr Jesus Christus! Mögen wir in unserem ruhelosen Suchen Dir näher kommen und in Dir unsere Ruhe finden. Sende uns Deinen Heiligen Geist. Lösche das Feuer unseres Zornes. Heile die schmerzenden Wunden der Menschheit, die durch Kampf zerrissen ist, belastet durch Sorgen, geblendet durch Habgier, versinkend im Treibsand der Begierden nach Besitz und Macht. ...
Öffne unsere Augen für die Schönheit der Gemeinschaft und Harmonie, die jenseits aller Hässlichkeit menschlicher Machtkämpfe liegt. ...
Offenbare Dein Geheimnis und hilf uns, für den Niedrigsten und den Verlorenen ebenso zu sorgen wie für uns selbst.

Hilf uns, Deine Sorge für den Grashalm zu erkennen und für den Spatz, der für einen Pfennig verkauft wird, und Deine Sorge für die Sonne am Himmel und für die Söhne und Töchter dieser Erde. ...
Wir danken Dir für die Werke Deiner Hände und loben Dich mit dem Vater und dem Heiligen Geist.

Christliche Gebete sind von der Überzeugung geprägt, dass in Jesus Christus Gott in seiner ganzen Fülle und Liebe zu den Menschen gekommen ist, so dass sich die Gläubigen bittend an ihn wenden und sich von seinem Weg und Wirken begleiten und inspirieren lassen können, getragen von der Fürsorge Gottes und erfüllt von der Kraft des Heiligen Geistes.

Das Hauptgebet der Muslime: die eröffnende Sure des Koran (Al Fatiha) (S. 38 f.)

Im Namen Gottes, des Erbarmers, des Barmherzigen.
Lob sei Gott, dem Herrn der Welten, dem Erbarmer, dem Barmherzigen,
der Verfügungsgewalt besitzt über den Tag des Gerichts.
Dir dienen wir, und dich bitten wir um Hilfe.
Führe uns den geraden Weg,
den Weg derer, die Du begnadet hast, die nicht dem Zorn verfallen und nicht irregehen. Amin!
Unsere edelsten Gedanken, unsere Grüße, unsere Gebete und guten Taten, alles für die Liebe Gottes. Sei gegrüßt, unser Tröster!
Friede Gottes mit uns und mit allen Menschen, die guten Willens sind!

Unser Gott, an Dich wenden wir uns um Hilfe. Dich bitten wir um Vergebung. Wir beten zu Dir, uns den rechten Weg zu weisen. Wir glauben an Dich und kommen reuig zu Dir, unser Herr! Dir vertrauen wir und Dich loben wir, o unser Gott!
Demütigen und treuen Herzens danken wir Dir für Deine Güte.

Der Glaube an den einen Gott, den Schöpfer, Erhalter und Richter, der den Menschen den Weg verantwortlichen Lebens weist und dessen Grundmerkmal die Barmherzigkeit ist, steht im Mittelpunkt der Sure, die bei jedem der muslimischen Pflichtgebete rezitiert wird, und ebenso in dem anschließenden Gebet, das hier ebenfalls wiedergegeben ist.

Texte aus den Veden, den heiligen Schriften der Hindus (S. 117)

Eintracht
Eintracht herrsche in unserem eigenen Volk
Und Eintracht mit fremden Völkern.
Lasst uns einmütig sein in Gedanken und Absichten
Und nicht gegen den göttlichen Geist in uns kämpfen.
Schlachtrufe, inmitten vieler erschlagener Krieger,
wollen wir nicht hören,
und Angreifern keine Pfeile entgegenschießen
im Morgengrauen.

Atharva-Veda VIII,52,1–2

Mit den Augen des Freundes betrachten
Mögen alle Wesen mich
Mit dem Auge des Freundes betrachten;
Auch ich will alle Wesen

Mit dem Auge des Freundes betrachten.
Mögen wir uns einander
Mit dem Auge des Freundes betrachten.

Yajur-Veda XXXVI,18

Nach verbreiteter Auffassung im Hinduismus, der in seiner unendlichen Vielfalt kaum als einheitliche Religion zu überschauen ist, ist das Göttliche nicht nur in Gottheiten präsent, die nur bedingte Veranschaulichungen des Absoluten sind. Es wohnt vielmehr in seinem Kern in jeder Person. Das Gebet ist wie die Meditation ein Weg, es lebendig werden zu lassen, und zwar in der Beziehung von Mensch zu Mensch ebenso wie in der Beziehung zu allen existierenden Wesen.

→

Gebetsbesinnung aus dem Buddhismus (S. 181 f.)

*Ich lasse mich leiten von all denen, die gesegnet
sind mit Mitgefühl und Weisheit.
Ich richte mich nach all jenen, die die Kraft haben,
aus unserem Geist
die Dunkelheit der Unwissenheit zu vertreiben, in
dieser unserer Welt,
die mit Hass und irregeleitetem Glauben erfüllt ist,
mit Gier, Misstrauen und Arroganz,
die Blutvergießen, Fanatismus, Ausbeutung,
Disharmonie und Unterdrückung erzeugt.
Möge in ihr ein Funke von Verständnis aufleuchten.
Mögen wir fähig sein, die Weisheit zu besitzen,
Anderen gegenüber so zu handeln, wie wir
wünschen, dass sie es uns gegenüber tun.*

*Ich bitte von ganzem Herzen, tief und
hingebungsvoll,
lasst uns alle zusammen in Einklang danach
streben.
Ich bin sicher, wenn wir dies alle zusammen
ernsthaft tun, wird sich die Welt verändern
und ein schöner Platz werden zum Leben.*

Der Buddhismus ist in einem Großteil seiner Richtungen nicht bezogen auf ein göttliches Gegenüber, sondern ein Weg der Erkenntnis und Erleuchtung, den der Buddha erlangt hat. Er ist diesen Weg voraus gegangen, hat ihn praktiziert und gelehrt. Dieser Weg ist geprägt von der Überzeugung, dass alles, was lebt, was da gewesen ist und da sein wird, in wechselseitiger Abhängigkeit voneinander existiert und deshalb Achtsamkeit und Mitgefühl verdient.

Was die Gebete und Besinnungen aus den verschiedenen Religionen deutlich machen, ist, dass die geistliche Gestaltung und das innere Wesen einer Glaubensgemeinschaft kaum anders so sichtbar und erlebbar werden kann wie in diesen Formen der Spiritualität: Hier zeigen Menschen ihre Hingabe, ihre Beziehung zu den Kraftquellen des Glaubens, die ihr individuelles Können überschreiten und die auch die Wurzeln ihres ethischen Handelns sind. Religionspädagogisch laden die Gebete der Religionen ein zu entdeckendem Lernen mit Blick auf die verschiedenen Religionen und ihre Weise, ihr spirituelles Leben zu gestalten. Werden sie verknüpft mit beispielhaften Biografien wie etwa von Mahatma Gandhi, Dietrich Bonhoeffer, Martin Luther King Dorothee Sölle und dem Dalai Lama, kann ihre sinnbildende Ausstrahlung für zeitgemäßes religiöses Leben und Handeln sichtbar werden – gemäß Bonhoeffers Motto „Beten und Tun des Gerechten".

Vor allem können Gebete der Religionen in unserer multikulturell und multireligiös gewordenen Gesellschaft relevant werden für die Gestaltung von Feiern und Andachten: in Kitas, Schulen, Jugendarbeit und Erwachsenenbildung. Sinngebende Gestaltungsformen sind gefragt bei Schuljahresanfang und -ende, im Jahresablauf mit Jahreszeiten und Festen, bei Jubiläen und Problemereignissen. Richtlinien, die in der internationalen Bewegung *Religions for Peace / Religionen für den Frieden* entwickelt wurden, können dabei hilfreich sein:
- Kein Synkretismus (nicht: Wir beten zusammen, sondern: Wir kommen zusammen zu den Gebeten der Religionen, sind wechselseitig beieinander zu Gast)
- Kein Prosyletismus (weder Vereinnahmung noch Dominanzverhalten)
- Jede/r kann sich als überzeugter Zeuge seines/ihres Glaubens einbringen
- Niemand darf sich gedrängt sehen, etwas mitzuvollziehen, was er/sie nicht mitvollziehen kann.

Wichtig ist der Einladungscharakter solcher Veranstaltungen, ihre Freiwilligkeit und eine kompetente Vorbereitung und Sensibilität mit Blick auf den jeweiligen Teilnehmerkreis, einschließlich der nicht religiös geprägten Menschen. Dass in den Gebetstexten über die Konfessionsgrenzen hinweg viel Verbindendes, Menschen in unterschiedlichen Lebenszusammenhängen existentiell Ansprechendes gefunden werden kann, ist ein Schatz, der den Gebeten innewohnt. In jedem der für diesen Beitrag ausgewählten Beispiele der verschiedenen Religionstraditionen wird ein Stück davon sichtbar.

Prof. Dr. Johannes Lähnemann hatte von 1981 bis 2007 den Lehrstuhl für Religionspädagogik und Didaktik des Evangelischen Religionsunterrichts an der Universität Erlangen-Nürnberg inne. Für seine friedensethischen und interreligiösen Arbeiten wurde er bereits mit mehreren Ehrungen und Preisen ausgezeichnet.

Beten als Beruf – und wenn ich nicht mehr kann?

Thomas Schönfuß

Wer im Verkündigungsdienst arbeitet, kennt die Problematik. Da entscheidet sich jemand mit Elan und voll Freude für einen entsprechenden Beruf, durchläuft eine Ausbildung, die viele Freiräume lässt, und findet sich schließlich in einer Anstellung wieder, in der das Beten zum Beruf gehört. Der persönliche Glaubensvollzug, das Gebet, mein Gespräch mit Gott – plötzlich in der Öffentlichkeit. Und das oft nicht so, wie das viele ja aus Gemeindekreisen kennen – gemeinschaftliches Beten, jede und jeder kann, wenn er oder sie will, das Wort ergreifen und gen Himmel schicken. Nein, plötzlich soll ich kraft meines Auftrages für andere formulieren und laut werden lassen, was diese vielleicht Gott ans Herz legen wollten.

So oder ähnlich lässt sich schon mal die prinzipielle Aufgabe des Vor-beters beschreiben. Ganz gleich, ob jemand damit ein Problem hat oder ob es der betreffenden Person keine Mühe bereitet – das ist die Situation für alle, die beruflich vor bzw. mit anderen Menschen beten. Einerlei, ob es sich dabei um einen Kinderkreis, eine Männergruppe, einen Kirchenchor oder einen Gottesdienst handelt. Wer hier für sich kein prinzipielles Problem sieht – und das sollte man eigentlich von Personen, die einen Beruf im Verkündigungsdienst gewählt haben, erwarten dürfen – fragt früher oder später nach Hilfen. Und die gibt es in Hülle und Fülle – Gebetbücher verschiedenster Couleur und für nahezu jeden Anlass. Ich kann also, wenn ich denn will, aus einem Fundus fertiger Gebete auswählen oder zumindest mich für meine eigenen Formulierungen anregen lassen.

Was aber, wenn meine Frage nicht das „was" ist, sondern das „ob". Ob ich das Beten in der Öffentlichkeit überhaupt noch kann bzw. will. Hintergrund können schwere persönliche Probleme sein – z. B. Trennung, Krankheit, Krisen im Beruf. Oder aber der Kontakt zu Gott selbst hat sich verdunkelt. Der Ordensmann Johannes vom Kreuz (1542–1591) spricht von der „dunklen Nacht des Glaubens". Da steht die Erfahrung im Hintergrund, dass Gott schweigt, dass ich von ihm nichts spüre, ja dass ich eine Art „Gottesfinsternis" erlebe. Martin Luther adelt aufgrund eigener Erfahrung die Anfechtung. Was bisher eher als Unfall angesehen wurde, erhebt er zum Normalfall. Anfechtungen gehören zum Glauben und wollen durchgestanden sein. Aber wie?

Zunächst einmal ganz privat, indem ich im Gebet, im Gespräch mit Gott bleibe. Ich halte ihm hin, was mich belastet, ich drücke aus, was in mir vorgeht. „Ausdrücken" das hilft oft nicht nur bei eitrigen Wunden, sondern im übertragenen Sinn auch beim Durchleben und Durchleiden persönlicher (Glaubens)Krisen. In der beruflichen Öffentlichkeit können „fertige Gebete" (wie z. B. das Vaterunser) durch dürre Zeiten tragen. Es empfiehlt sich in einer solchen Krisenzeit, einen geistlichen Begleiter/ eine geistliche Begleiterin aufzusuchen. Weil man sich das Wort, das einem hilft, oft nicht selbst sagen kann, eröffnet eine Begleitung Perspektiven für den eigenen Weg.

Darüber hinaus bietet das Schweigen vor Gott die Chance, an ihm und bei ihm zu bleiben – ohne Worte. In unseren Gottesdiensten, Gruppen und Kreisen wird das Gebet in Stille selten geübt. Es ist aber eine Möglichkeit, vor Gott zu sein und nicht reden zu müssen. Dabei kann es helfen, die innere Aufmerksamkeit beim Atem verweilen zu lassen. Der Atem ist ja das Gottesgeschenk schlechthin. Ganz am Anfang der Bibel haucht Gott Adam seinen göttlichen Odem, die göttliche Lebenskraft ein. Und jetzt erst wird der „Erdling" ein lebendiges Wesen. Und dieser Urimpuls Gottes lebt in meinem Atem fort. Bin ich beim Atem, bin ich mit Gott verbunden – und das ganz ohne Worte.

Seit über 30 Jahren ist Thomas Schönfuß als evangelischer Pfarrer in Sachsen tätig – in Kirchgemeinden, in kirchlichen Bildungseinrichtungen und jetzt im Haus der Stille in Grumbach. Hier begleitet er Menschen auf ihrem geistlichen Weg und bietet Hilfen an für alltagstaugliche Formen geistlichen Lebens.

Gebet in Christenlehre/Kinderkirche

Uwe Hahn

In der Landeskirche Sachsen wurde 2016 eine Umfrage zu den regelmäßigen Angeboten für Kinder in den Kirchgemeinden durchgeführt. Ausgangspunkt war die Fragestellung: Bildet heute der Rahmenplan die inhaltliche Grundlage für die Planung der regelmäßigen Angebote für Kinder in den Kirchgemeinden. Darauf aufbauend wurden Daten zu Zielen, Methoden, Arbeitsformen, Strukturen, um nur eine Auswahl zu nennen, erfasst. Im Folgenden möchte ich die Daten darstellen, die das Thema Gebet berühren. Neben den Gemeindepädagoginnen und Gemeindepädagogen wurden in einer parallelen Umfrage Kinder befragt, die regelmäßige Angebote in den Kirchgemeinden besuchen. Damit wurde der Umfrage eine Grenze in der Zielgruppe gesetzt. Nicht alle Kinder, die zu einer Kirchgemeinde gehören, wurden befragt, sondern nur eine Auswahl und diese besuchen ein regelmäßiges Angebot.

Die Mitarbeitenden wurden nach ihren Zielstellungen befragt. Die konkrete Fragestellung lautete: Schätzen sie die Bedeutung der folgenden Ziele für die regelmäßige Arbeit mit Kindern ein.

Dann wurden einzelne Ziele benannt: z.B. Die Kinder, entsprechend ihrer Entwicklung kennen Gebet und haben Anleitung zum Gebet erfahren.

Die erste Tabelle zeigt einen Ausschnitt der insgesamt 21 vorgegebenen Ziele. Für die Mitarbeitenden hat das Thema Gebet einen sehr hohen Stellenwert. Es ist vergleichbar mit dem Kennen von biblischen Geschichten und dem Gemeinschaftserleben. Bei der Gestaltung der Angebote wird dies deutlich. Sie beginnen in der Regel mit einem festen Ritual und bei rund 70 % der Befragten ist ein Gebet Teil dieses Rituals.

In der parallelen Umfrage Kinder wurde gefragt, was den Kindern in den Angeboten gefällt. In der Regel besuchten sie die 3. und 4. Klasse. Für diese Kinder ist das Gebet in der Gruppe überwiegend positiv besetzt. In der zweiten Tabelle wird auch deutlich, dass ihnen besonders freizeitpädagogische Elemente (Spiel und Freunde) wichtig sind. Eine große Übereinstimmung zwischen den Zielen der Mitarbeitenden und der Einschätzung der Kinder liegt in den biblischen Geschichten. Die Aussagen der beiden Tabellen zeigen, dass die regelmäßen Angebote freizeitpädagogisch eingeordnet werden können und in diesem Rahmen religiöse Kompetenzen vermittelt werden.

Persönliches Gebet außerhalb der gemeindlichen Strukturen: Neben der Gebetspraxis in der gemeindlichen Gruppe gab es Fragestellungen zum persönlichen Gebet. Dieser Teil der Umfrage hat Grenzen, da die Zielgruppe aus Kindern bestand, die mit Glauben und Kirche eher enger verbunden sind. Hier möchte ich exemplarisch die Ergebnisse von Leipzig zeigen. Da die sächsischen Ergebnisse anders dargestellt wurden und dadurch weniger differenziert sind. Ritualisiertes Gebet ist im privaten Bereich selten. Eltern und Großeltern beten manchmal bis selten mit den Kindern oder Enkelkindern. Ein Abendgebet wird eher gesprochen als ein Morgengebet. Das entspricht unseren Lebensgewohnheiten, der Morgen unterliegt einer gewissen Drucksituation, alle Familienmitglieder müssen schnell und zu unterschiedlichen Zeiten aus dem Haus. Am Abend ist dann eher eine Phase, wo es Platz für ein Gebet gibt, allein oder mit den Eltern.

53 % der befragten Kinder gibt an, das sie wenigstens manchmal beim Essen beten. Das ist eine hohe Zahl und verweist auf die christliche Sozialisation der Elternhäuser.

Aus den Tabellen kann man schlussfolgern: Wenn Kinder überhaupt beten, dann allein und bei Schwierigkeiten. Für diese Kinder hat das Gebet einen konkreten Lebensbezug und gehört zur Bewältigungsstrategie für schwierige Situationen.

Ziele für die Arbeit mit Kindern in der Kirchgemeinde

Fragestellung: Schätzen Sie die Bedeutung der folgenden Ziele für Ihre regelmäßige Arbeit mit Kindern in der Gemeinde ein. (ca. 260 Antworten)

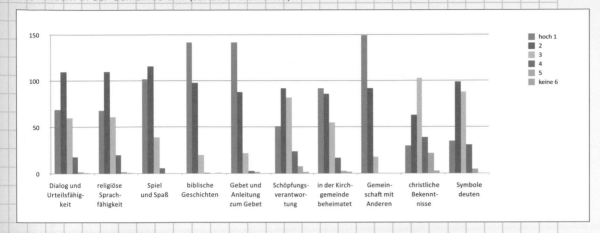

Fragebogen Kinder: In meiner Gruppe gefallen mir …

(Tabelle bildet die befragten Kinder eines durchschnittlichen Kirchenbezirkes ab)

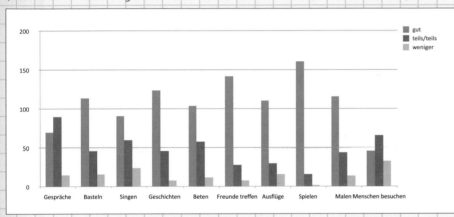

Fragebogen Kinder: Thema Gebet

(Tabellen beziehen sich auf den Kirchenbezirk Leipzig. 286 Kinder haben sich in Leipzig an der Umfrage beteiligt. Die Ergebnisse entsprechen in der Tendenz den durchschnittlichen Werten in Sachsen.)

1. Wann betest du?

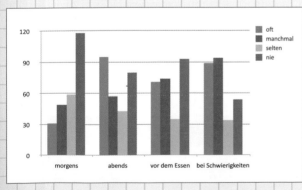

2. Mit wem betest du?

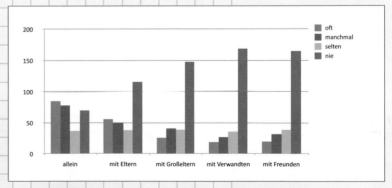

Uwe Hahn ist Bezirkskatechet im Evangelisch-lutherischen Kirchenbezirk Leipzig und Redakteur bei der Praxis Gemeindepädagogik.

Das Gebet in Religionsunterricht und Schule

Eine Spurensuche

Teresa Tenbergen

Die Filmsequenz stieß auf Widerstand: Im Seminar mit angehenden Religionslehrerinnen und -lehrern hatten wir den aufgezeichneten Stundenbeginn des Religionsunterrichts in einer Grundschule im Südwesten Deutschlands mitverfolgt. Die Lehrerin, die mit den Kindern im Stuhlkreis saß, hatte den Unterricht nach der Begrüßung mit einem freien Gebet begonnen und den Kindern Raum gelassen, eigene Anliegen zur Sprache zu bringen. Den Studierenden war das spürbar fremd. „Darf sie das überhaupt?", fragte schließlich eine Studentin, „Beten im Religionsunterricht?" Die Frage mag überraschen. Sie umfasst aber einen wichtigen religionsdidaktischen Diskurs um religiöse Praxis im Religionsunterricht überhaupt. Um es vorweg zu nehmen: Ja, es darf gebetet werden im Religionsunterricht. Die Verantwortung der Religionsgemeinschaften für den konfessionellen Unterricht eröffnet die Möglichkeit dazu, vorausgesetzt, das Überwältigungsverbot und mit ihm das Prinzip der Freiwilligkeit bleiben davon unberührt.

Soweit die Theorie. In der Praxis ist die Fragestellung deutlich komplexer, denn sie bezieht sich auf das, was im Religionsunterricht an einer staatlichen Schule überhaupt vermittelt werden kann und sollte. Und auch, wenn die rechtliche Möglichkeit besteht, verlangt die Einordnung des Themas „Gebet im Raum der Schule" hohe religionsdidaktische Verantwortlichkeit. Wenn grundsätzlich gilt, dass Glaube weder lehr- noch vermittelbar ist, so scheint die Schule mit ihren strukturellen Gebundenheiten kaum ein Ort der Vollzüge christlicher Existenz zu sein. Wenn aber gleichzeitig das Gebet als „Muttersprache des Glaubens" (Harmjan Dan) gelten kann, so steht auch schulischer Religionsunterricht vor der Herausforderung, diese Sprache verständlich zu machen. Dies gilt umso mehr, als Kinder und Jugendliche mit zunehmendem Alter in ihren Alltagsvollzügen weniger mit Gebeten in Berührung kommen, medial aber sehr wohl. Ein religionspädagogischer Einbezug des Gebets in den Raum der Schule ist deshalb unumgänglich und besteht zum einen „in der Förderung religiöser Kompetenzen, die im Gebet die Ermöglichung religiösen Ausdrucks, Lebensdeutung und Identitätsarbeit in einer pluralen Welt erkennen". Zum anderen stellt sich ihm aber auch die Frage, wie einer tatsächlichen Praxis des Gebets behutsam nachgegangen werden kann. Und diese Frage stellt sich nicht nur da, wo das Gebet Thema des Lehrplans ist. Sie stellt sich für den Religionsunterricht und seine Gestaltung selbst, über ihn hinaus aber für alle Kontexte, in denen Religion im Raum der Schule sichtbar wird. Zwischen den Polen Reflexion und Praxis, Unterricht und Schulleben bewegt sich dann auch die folgende schlaglichthafte Spurensuche:

Übersetzungsübungen

Ein erster Zugang zur Bedeutung und Gestalt des Betens besteht über das Gebet anderer. Das können Texte aus Geschichte und Gegenwart sein, die zunächst als fremde Erfahrungszeugnisse in ihren Kontext eingebettet und dann mit der Lebenswelt von Schülerinnen und Schülern in Beziehung gesetzt werden. Klassischerweise sind die Psalmen oder Gebete bekannter Persönlichkeiten ergiebige Texte zur Weiterarbeit, aber es bieten sich auch Gebete an, die in Filmen oder Liedern Verwendung finden. Das didaktische Ziel besteht dabei in der reflexiven Auseinandersetzung mit dem Gebet als Sprachform und dem Transfer zu eigenen Lebensbezügen. Verdolmetschungsübungen oder Textfortsetzungen sind methodische Mittel der Arbeit an der sprachlichen Dimension von Gebeten, die zunächst kognitiv zentriert bleiben, zugleich aber Räume eröffnen, an die eigene Erfahrungen angeschlossen werden können. Dieser erfahrungsbezogene Zugang ist auch mit Blick auf Schülerinnen und Schüler sinnvoll, die keine eigene Praxis des Betens identifizieren können. Im Sinne der

Übersetzung ist in höheren Jahrgängen auch eine diskursive Auseinandersetzung mit den verschiedenen Bedeutungsebenen des Gebets möglich.

Inszenierung des Gebets im Religionsunterricht

Innerhalb der performativen Religionsdidaktik gibt es Überlegungen, wie das Gebet im Unterricht eine Gestalt gewinnen kann, die es als Geschehen nacherlebbar macht, ohne unmittelbaren Vollzug zu bedeuten. So können bspw. ebenfalls tradierte Textbestände die Ausgangsbasis bilden, von denen aus mit Hilfe von Inszenierungen (z.B. dem Ausprobieren von Gebetshaltungen) eigene Erfahrungsräume erschlossen werden. Dabei bleibt die Frage offen, ob eine solche probeweise Ingebrauchnahme eines religiösen Vollzugs seinen unverfügbaren Dimensionen gerecht werden kann. Andererseits räumt dieser Ansatz der Tatsache Raum ein, dass ein Gebet seinen Vollzug voraussetzt.

Ritualformen

Wie im eingangs geschilderten Beispiel verdeutlicht, bestehen für die Grundschule Stundeneingangs- oder -ausgangsrituale noch als gängige Modelle des Religionsunterrichts, die auch das Gebet integrieren. Es wäre zu überlegen, ob sich Formen dieser Rituale auch in der Sekundarstufe I weiterführen lassen, u.U. auch lokal getrennt vom sonstigen Unterrichtsgeschehen und an die Lebenswelt der Schülerinnen und Schüler anknüpfend. Viele Kirchen haben gute Erfahrungen mit Gebetskreuzen oder -wänden gemacht. Dies wäre eine ritualisierte Gebetsform, die mit Schülerinnen und Schülern initiiert und gepflegt werden kann.

Gebet im Raum Schule

Für die Orte, da Religion öffentlich sichtbar an der Schule Gestalt gewinnt, ist der Spannungsbogen zwischen einem reflektierten und praxisorientierten Einbezug des Gebets durchaus aufzugreifen und darstellend umzusetzen. So lassen sich in Schulgottesdiensten oder -andachten sehr niedrigschwellige Gebetsformen finden, die Schülerinnen und Schüler einbeziehen und eigene Ausdrucksformen gestalten lassen. Dabei können bspw. Aussagen und Fragen der Kinder und Jugendlichen in ein Gebet integriert oder nonverbale Gebetsformen, etwa Stillephasen oder das Anzünden von Kerzen, aufgegriffen werden. Fächerübergreifend sind Projekte mit dem Kunst-, Musik-, Deutsch- oder Fremdsprachenunterricht denkbar, die das Thema Gebet in den Religionen (bzw. nicht-religiöse Transformationen) zum Gegenstand haben, gerade weil es nicht nur binnen- oder interreligiös, sondern auch gesamtgesellschaftlich bedeutsam ist – wie nicht zuletzt die immer wieder aufflammenden Diskussionen um die Gebetspraxis von muslimischen Kindern und Jugendlichen an staatlichen Schulen zeigen.

Unabhängig von allen Gestaltungsmöglichkeiten in der Praxis bildet die persönliche theologische Auseinandersetzung der Lehrenden mit dem Gebet und der Bedeutung aller religiöser Vollzüge für das Lernen die Voraussetzung für die Rolle dieser Vollzüge im unterrichtlichen und schulischen Geschehen. Zwischen religionspädagogischen Chancen und klaren Grenzen bleiben hier besondere Spannungen bestehen, die aber auch in positiver Weise die Besonderheit des Religionsunterrichts ausmachen und – im günstigsten Fall – eine religionssensible Schulkultur mitbestimmen.

Dr. Teresa Tenbergen ist Pfarrerin im Kirchenkreis Eisleben-Sömmerda und Mitarbeiterin der Forschungsstelle für religiöse Kommunikations- und Lernprozesse der Martin-Luther-Universität Halle-Wittenberg.

Tischgebete

Und wie der kleine Vogel singt, so danken wir dafür!
Und wie der Elefant posaunt, so …
Und wie die kleine Hummel summt, so …
Und wie der Braunbär brummt und grummt, so …

✦

Lieber Gott, ich hab' Hunger wie ein Bär, mein Magen knurrt und ist so leer. Darum woll'n wir jetzt essen, das Danken nicht vergessen. Amen

✦

Wieder ist es Essenszeit. Leck're Sachen steh'n bereit. Was wir haben, kommt von dir, lieber Gott, hab' Dank dafür. Amen

✦

Kartoffeln, Bohnen, Würstchen, Reis, Spaghetti, Pizza, Schokoeis. Gott, du schenkst uns unser Essen, das Danken woll'n wir nicht vergessen. Amen

✦

Was wir brauchen, gebe uns Gott. Fröhlichkeit und täglich Brot. Amen

---

Um den gedeckten Tisch sind wir alle da, danke lieber Gott, sei auch Du uns nah. Amen.

Das Gebet wird sehr rhythmisch gesprochen und dabei wird erst zweimal auf den Tisch mit den Händen gepatscht und dann einmal in die Hände geklatscht. Dieser Rhythmus geht durch das ganze Gebet und dies lautet:

Und für dich und für mich
ist der Tisch gedeckt,
hab Dank lieber Gott,
dass es uns gut schmeckt.
Amen,
Amen!

Klatschrhythmus kurz kurz (k k) lang (l)

Für (k k) dich (l) und (k) für (k) mich (l)
ist (k) der (k) Tisch (l) gedeckt (k k l),
hab (k k) Dank (l) lieber (k k) Gott (l),
dass (k) es (k) mir (l) gut (k k) schmeckt (l).
Amen

(die Hände bleiben in der geschlossenen Klatschform = Betende Hände)

Wo ich geh und wo ich steh,
Bist du Gott in meiner Näh.
Wenn ich dich auch nirgends seh.
Weiß ich dennoch, du bist hier.

Den Glauben vom Kopf in den Leib rutschen lassen

Innere und äußere Gebetshaltungen erkunden

Carsten Haeske

Vor 1280 entstand unter dem Titel „Wie der selige Dominikus leiblich betete" ein Text, der schon im Mittelalter mit Bildern versehen wurde, die verschiedene Gebetsweisen des Heiligen beschreiben. Man sieht darauf Dominikus in verschiedenen Körperhaltungen beim Gebet: Wie er sich verneigt, sich auf den Boden hinstreckt, wie er kniet, steht, sitzt oder unter freiem Himmel betend wandert. Auf einigen Bildern sind auch Bewegungsabläufe wiedergegeben. So ist Dominikus auf einem Bild z. B. dreimal stehend dargestellt, wobei sich jeweils die Haltungen seines Kopfes und seiner Arme und Hände verändern. (Darstellungen siehe Links, Dyckhoff (2003) und: in Religion 7/2005) Die mittelalterliche Bilderhandschrift will das Beten umfassend dar-

stellen und ist doch mehr als ein bloßes Inventar möglicher Gebetsgesten. Sie verweist auf die wechselseitige Beziehung von Leib und Seele, von innerer Verfassung und äußerer Haltung und macht damit deutlich: Für Dominikus ist das Gebet verleiblichter Glaube. Das innere Beten findet einen körperlichen Ausdruck. Und die äußere Gebärde hilft umgekehrt, die innere Haltung einzuüben.

Kann das auch heute noch gelingen? Die folgende Übersicht macht Vorschläge dazu. Wie kann eine Körperhaltung oder -bewegung für mich zu einem Gebet werden? Und wie kann ich umgekehrt meinem Gebet einen körperlichen Ausdruck verleihen, um natürlich und ganzheitlich vor Gott wach und präsent zu sein? Die vorgestellten Gebetshaltungen laden dazu ein, Erfahrungen mit dem Beten mit Leib und Seele zu machen und so zu einem ganzheitlichen Ge-

bet zu finden, in dem ich mein Leben vor Gott zur Sprache bringen kann. Beginnen kann ich damit, eine entsprechende Gebetshaltung einzunehmen und mich dann selbst in dieser Haltung wahrzunehmen. Gerade in Zeiten innerer Leere, dann, wenn ich selbst keine Worte mehr finde, kann eine Gebetsgeste dabei helfen, meinem Glauben Ausdruck zu verleihen. Umgekehrt ist es möglich, zunächst auf meine innere Gestimmtheit zu achten und für diese dann eine entsprechende Gebetshaltung zu suchen. Hilfreich ist es, eine bestimmte Gebärde über längere Zeit hinweg täglich zu üben und Erfahrungen damit zu machen, was sie bewirkt und wie sie mein Beten verändert. Dabei ist nicht entscheidend, „ob ich die Gebärde richtig mache, [...] sondern ob ich durch die Gebärde richtig werde, ob ich in die rechte Verfassung und in die rechte Haltung Gott gegenüber komme" *(Grün/Reepen, 14).*

DER KÖRPER

Gebetshaltung	Äußere Haltung	Innere Haltung/Impulse	Deutungen
Stehen	Fester Stand, schulterbreit, Knie nicht durchgedrückt, Füße werden vom Boden getragen, Kopf ist aufgerichtet. (Vorstellung: Aus den Füßen wachsen kräftige Wurzeln zur Erdmitte. Ein unsichtbarer Faden hält den Kopf aufrecht.)	Ich rechne mit Gottes Anwesenheit, habe in ihm ein Gegenüber. Ich bin fest verwurzelt. Zu wem stehe ich? Wofür stehe ich?	Die Grundhaltung des biblischen Betens vor Gott. Erhöhte Aufmerksamkeit, Konzentration, Ehrfurcht vor Gott, Bereitschaft zu Aufbruch und Tat.
Schreiten	Bewusstes, konzentriertes, langsames Gehen (auch als Spaziergang unter freiem Himmel.) Sich auf die Fußsohlen konzentrieren, Berührung mit dem Boden spüren.	Was ist der nächste Schritt auf meinem Lebensweg? Was ist der nächste Schritt auf meinem Weg mit Gott? Wo muss ich neu aufbrechen, Altes zurücklassen? Was kommt mir entgegen?	Irische Mönche unternahmen eine Pilgerreise um Christi Willen („peregrinatio pro Christi"). Sich auf den Weg machen, auf dem Weg sein, Verzicht und Loslassen, Nachfolge einüben, sich Kommendem öffnen.

→

Verneigen	Sich ein fiktives Gegenüber vorstellen, vor dem ich langsam Kopf und Schultern beuge. Arme hängen lassen oder locker über der Brust kreuzen. Die Verbeugung mehrfach wiederholen.	Ganz im Leib sein. Ich lasse los, höre auf, auf mich selbst zu schauen, lasse das Um-mich-selbst-Kreisen.	Die Wüstenväter hatten Gebetsübungen, bei denen sie sich pausenlos verneigten. Ehrfurcht vor der Hoheit Gottes, Erstaunen über das Geheimnis Gottes, Respekt und Vertrauen. Eine moderate Form des Sich-Niederwerfens.
Knien	Aus dem aufrechten Stand die Knie beugen, bis sie den Boden berühren. Beine angewinkelt, Oberkörper gerade, Arme hängen locker. So eine Zeit lang verharren (statisch) oder mehrfach wiederholen (dynamisch).	Philipper 2,6-11 (Jesu Selbsterniedrigung) meditieren. Sich das eigene Geringsein vergegenwärtigen.	Haltung der Ehrfurcht und der Verehrung Gottes. Zeichen für Gottes Überlegenheit und die menschliche Kleinheit. Inständiges Bitten, Demut, Buße.
Niederfallen, Liegen (prostratio)	Sich der Länge nach auf den Boden werfen. Knie, Hände und Stirn berühren den Boden oder Stirn auf die Hände gestützt.	Ps 63,2 meditieren.	Dank für Hilfe, Bitte für Vergebung, Reue, Buße, Demütigung.
Sitzen	Beine hüftbreit auf dem Boden, aufrecht und locker, Hände entspannt auf den Oberschenkeln. Sich längere Zeit nicht bewegen, um innerlich zur Ruhe zu kommen.	Innere Sammlung: den Körper von unten nach oben durchgehen, den Atem spüren. Schweigend vor Gott da sein.	Bereitschaft zum Hören.

DIE ARME

Gebetshaltung	Äußere Haltung	Innere Haltung/Impulse	Deutungen
Kreuzesgeste (crucis vigilia)	Stehend oder kniend verharren, die Arme ausgebreitet. Von Kevin, einem keltischen Heiligen des 6. Jh. wird berichtet, dass er so lange in der Haltung aushielt, dass ein Vogel in seiner Hand nistete.	Sich das Kreuz (das im eigenen Körper abgebildet wird) vergegenwärtigen. Was soll in meinem Leben zu Ende gehen? Und wo will ich neu beginnen?	Eine Form der „imitatio Christi", Vergegenwärtigung seines Leidens und Sterbens. Mitleiden mit Christus in der Nachfolge, Verwundbarkeit.

Über der Brust gekreuzt	Rechte Hand auf linke Schulter legen, innehalten, dann die linke Hand auf die rechte Schulter legen, innehalten. (Fingerspitzen berühren die Schultern)	Abendritual: Erster Arm: Was ist an diesem Tag unfertig geblieben / misslungen? Zweiter Arm: was ist gelungen, was war heute gut? Alles Gegensätzliche in mir ist von Gott angenommen. Ich umarme es in Dankbarkeit.	Einen Raum des Schweigens schützen gegen den Lärm des Tages, gegen seine Herausforderungen und Anforderungen. Der Stille Raum geben, sich Gott überlassen, Hingabe.
auf Bauch und Rücken	Eine Handfläche auf den Bauch legen, den Handrücken der anderen Hand in gleicher Höhe auf die Wirbelsäule. Im Anschluss: Arme hängen lassen und den Zustand genießen.	In den Raum zwischen den Händen fühlen. Den Atemrhythmus spüren. Was belastet mich? Was drückt mich nieder? Was erfrischt / belebt mich?	Bei mir sein, Spannungen wahrnehmen.
Sich bekreuzigen	Sich mit dem Zeichen des Kreuzes bezeichnen: nacheinander mit der rechten Hand Stirn, Bauch, linke Schulter und rechte Schulter berühren. (in lateinischer Tradition umgekehrt von links nach rechts) Alternativ: Das „kleine Kreuzzeichen" (signaculum): mit einem Finger (meist dem Daumen) auf der Stirn, Mund und Brust ein Kreuz zeichnen.	Die Gegensätze meines Lebens im Zeichen der Liebe Gottes bedenken. Stirn: mein Denken und Planen, Bauch: mein Fühlen und Getriebensein, Linke Schulter: mein unbewusstes Handeln, Rechte Schulter: mein bewusstes Handeln.	Eine alte Geste, die schon in der Frühen Kirche als „uralter Brauch" (Cyrill von Jerusalem) bekannt war. Schutz gegen das Böse („Versiegeln"), Bekenntnis, Segen: Gottes Liebe in das menschliche Leben einzeichnen.

DIE HÄNDE

Gebetshaltung	Äußere Haltung	Innere Haltung/Impulse	Deutungen
Ausgestreckt in Schulterhöhe (manibus extensis) Orantehaltung (von lat. orare = beten)	Guter Stand, Arme in Schulterhöhe ausgebreitet, Hände nach oben geöffnet, Kopf in die Höhe, Blick nach oben.	Ich berühre den Himmel durch das Gebet. Ich wende mich Gott zu, vertraue auf ihn.	Biblisch ist das Erheben der Hände ein Synonym für das Beten. Auch in der Antike war dies die übliche Gebetshaltung. Sie war auch in der frühen Kirche verbreitet, wie etwa Darstellungen in den röm. Katakomben zeigen, und bis ins Mittelalter üblich. Das Erheben der Augen ist Zeichen der Aufmerksamkeit und Ausdruck des persönlichen Verhältnisses des Geschöpfs zum Schöpfer.
Ausgestreckt nach vorn	Arme nach vorn ausgebreitet, Hände nach oben geöffnet, Blick gesenkt.	Wo brauche ich Gottes Ankunft in meinem Leben? Wo möchte ich Raum machen für Gott?	Haltung des Advents, der Erwartung, des Wartens, Offenheit für Gottes Willen. Schutzlosigkeit, Bedürftigkeit, Dankbarkeit.
Vor dem Gesicht	Hände zunächst mit wenig Abstand vors Gesicht halten, dann behutsam aufs Gesicht legen.	Ich spüre die Wärme meiner Hände. Ich spüre die Wärme meines Atems. Gott sucht eine innige Beziehung zu mir.	Sich vergraben, sich abschirmen: nichts soll stören und ablenken; allein sein mit Gott. Sich auf sich selbst richten, sich nach innen orientieren, sich sammeln.

An einanden	Gut stehen, Handflächen aneinander halten, zunächst, ohne dass sie sich berühren.	Meine Hände weisen weg von mir, hin zu Gott.	Das **Händefalten** gibt es erst seit dem Mittelalter. Im germanischen Kulturraum war es ursprünglich das Zeichen der Unterwerfung unter einen weltlichen Herren. Die Vassallen versprachen ihrem Herrn den Lehenseid in die Hand als Zeichen der Treue, Abhängigkeit und des Gehorsams.
In einander	Handflächen sachte ineinander legen, so als ob sie behutsam eine Perle halten.	Ich halte vor mich, was mir kostbar ist.	Konzentration Bitte, Flehen, sich Gottes Willen unterwerfen.
Mit verschränkten Fingern	Finger ineinander verschränken.	Ich lasse alles andere beiseite.	Diese Geste gibt es seit der Reformationszeit. Sammlung, „Fesselung", mit Gott ringen.
Geöffnet	Hände wie eine offene Schale vor dem Körper halten.	Ein Morgenritual: Ich strecke Gott meine leeren Hände hin, öffne mich allem, was von ihm kommt. Ich halte Gott hin, was ich heute alles angehen muss und was mich herausfordert.	Bedürftigkeit: Angewiesenheit auf Gottes Eingreifen. Offenheit und Empfangsbereitschaft. Hingabebereitschaft.

Literatur

Bunge, Gabriel (2009): **Irdene Gefäße.** Die Praxis des Gebets nach der Überlieferung der heiligen Väter, Würzburg.

Dyckhoff, Peter (2003): **Mit Leib und Seele beten.** Die neun Gebetsweisen des Dominikus, Freiburg.

Grün, Anselm/Reepen, Michael (2002): **Gebetsgebärden**, Münsterschwarzach, 2002.

Meditative Elemente im RU.: in Religion 7/2005, 20 f. und m8.

Links (Zugriff am 21.11.2017)

bit.ly/Gebetsgebärden (Ausführliche Infos und Anregungen)
bit.ly/Gebetsgymnastik (3-Min.-Erklärclip)
bit.ly/Gebetshaltungen (Gebetsweisen des Dominikus)

Carsten Haeske ist Ausbilder für Liturgische Präsenz. Er leitet u.a. den landeskirchlichen Ausschuss für Gottesdienst und Kirchenmusik in Westfalen.

Statements zum Thema „Beten":

„Jetzt im Alter, da hat man Zeit vor allem auch an andere zu denken. Da denkt man nicht bloß an sich, sondern da denkt man an bestimmte Menschen oder wo man weiß, dass sie jetzt in Not sind, darüber betet man. Weil man weiß, dass man nur im Gebet die Not bezwingen kann."

Gisela, 98 Jahre

Beten zu Gott als Person

Das Vaterunser aus entwicklungspsychologischer Perspektive

Lars Charbonnier

Selbst für immer mehr Kirchenmitglieder ist die Rede vom persönlichen Gott nicht mehr stimmig. Eine göttliche Kraft, ein göttliches Prinzip, ja eine Sphäre des Göttlichen, eine vierte Dimension, das alles mag es geben, aber Gott als Person? Mit diesem Glaubensmuster einher geht oft eine veränderte Frömmigkeitspraxis. So etwa verliert das Gebet an Bedeutung gegenüber der Meditation. Theologisch kann ich dem viel abgewinnen. Und doch bleibt die Frage nach der Kraft des Gebets für den Menschen heute und gestern präsent. Wie eine auch für die Gebildeten der Verächter der Religion überzeugende Antwort auf die Frage, ob nicht doch das Konstrukt eines persönlichen Gottes seinen Sinn haben kann, aussehen kann, hat für mich ein katholischer Psychologe angeregt: Der wesentlich empirisch forschende und für sein Schaffen bereits mit dem DFG-Lebenswerks-Preis ausgezeichnete Persönlichkeitspsychologe Julius Kuhl hat eine Begründung geliefert, warum es nicht nur theologisch geboten sein mag, sondern auch psychologisch und damit anthropologisch sinnvoll ist, Gott als Person, als Gegenüber zu glauben und eine Beziehung zu ihm entsprechend zu gestalten – insbesondere im Gebet:

Menschen leben als auf Beziehung angewiesene Personen

In seinem Buch „Spirituelle Intelligenz" stellt der Begründer der PSI-Theorie zur Persönlichkeitsentwicklung Julius Kuhl im breiten Konsens der neurobiologischen Forschung fest, dass alle Menschen zwei wesentliche Bedürfnisse teilen: Sie wollen wachsen, also sich entwickeln, und sie wollen in guten Bindungen stehen. Entwicklung, insbesondere Persönlichkeitsentwicklung versteht er dabei als eine sehr komplexe Angelegenheit: Eine Person, ein Mensch, sei das komplexeste System, dass diese Welt kennt. Um sein Selbst als Person zu ken- →

nen und zu entwickeln, braucht es entsprechend komplexe und nicht nur einseitige – also etwa nur durch das Denken oder nur das Fühlen – Wahrnehmungs- und Erkenntnisfähigkeiten. Und diese, und das ist die eigentlich banale wie überzeugende Einsicht, kann am besten dort eingeübt und vollzogen werden, wo eine ehrliche persönliche Beziehung erlebt und gelebt wird. Kuhl stellt fest: „Nur wenn wir wirklich auf der persönlichen Ebene angesprochen werden, wird das psychische System aktiviert, in dem die Liebe ihre heilsame Wirkung entfalten kann. Denn nur das ganzheitliche Wahrnehmen kann die Komplexität einer Person bewältigen und auch die schlechten wie die guten Seiten einer Person integrieren."

Gott als Person ...

Was hat das mit Gott als Person zu tun? Dazu Kuhl: „Mit der Vorstellung von einem personalen Gott, der alles das tut, was eine liebevolle, verstehende und emotionsregulierende Bezugsperson tun würde, wird ein entscheidender Schritt der Befreiung des Einzelnen in Richtung auf eine Selbstentfaltung geleistet, der auch möglich ist, wenn es an liebevollen menschlichen Beziehungen mangelt."

Hier liegt auch theologisch viel Potential: Im Erfahren von Gott als personalem Gegenüber kann ich die Freiheit zur eigenen Entfaltung, zum Werden meiner Selbst, am besten erfahren. Eigentlich eine Reformulierung lutherischer Kerngedanken. In der psychologischen Sprache Kuhls: „ Insofern ist die Erfahrung eines personalen Gottes als Extrapolation der ins Positive gerichteten systemischen Komplexität des inneren und äußeren Universums eine auch erkenntnispsychologisch durchaus angemessene Beschreibungsform."

... und die Rolle des Gebets

Das Gebet als wesentliche Form der Zuwendung der menschlichen Person zu Gott als einer Person ist auch für Julius Kuhl zentral. Das Gebet ist für ihn eine wesentliche Unterstützung des Austauschs der Erkenntnissysteme, der für eine gesunde und ganzheitliche Persönlichkeitsentwicklung zentral ist. Es fungiert für ihn als „Sinn-Akku", da gerade die Formelhaftigkeit des Gebets eine Aktivierung seiner Kraft auch dann ermöglicht, wenn die je eigene Kraft am Ende ist.

Das Vaterunser

Kuhl schreibt im Rahmen seiner Ausführungen schließlich eine „(Neuro-)Psychologie des Vaterunser", in der er dieses Gebet psychologisch interpretiert und umformuliert. Auf die Erläuterungen verzichte ich an dieser Stelle und will aber gern den Beginn seine Umformulierung allein der Anrede hier für sich sprechen lassen:

Vater, Du hilfst mir, die uralte Sehnsucht nach einem Vater
Auch in der heutigen Zeit der Skepsis
gegenüber väterlichen Autoritäten aufrechtzuerhalten
und mit positiven Bildern zu verbinden,
die Trost, Ermutigung und Gestaltungskraft vermitteln.

Du hilfst mir, hinter der väterlichen Stärke
die mütterliche Umsicht und Nachsicht zu spüren,
die so unendlich erscheint wie der Himmel über mir.

Vater und Mutter, Du verbindest väterliche Stärke mit mütterlicher Güte,
Du verbietest nichts,
nicht meinen Ärger,
nicht meine Angst,
nicht meinen Neid,
alles kann ich vor Dir zulassen.

Gefühle, die ich ausbreiten kann,
ohne zu riskieren, abgelehnt zu werden,
kann ich gestalten, umformen, einbinden:
Widersprüche kann ich nun aushalten,
dann lösen sie sich von selbst auf
und helfen mir, so zu werden, wie Du mich gemeint hast.

Literatur

Julius Kuhl, **Spirituelle Intelligenz**. Glaube zwischen Ich und Selbst, Freiburg 2017

Dr. Lars Charbonnier ist Studienleiter an der Führungsakademie für Kirche und Diakonie und Schriftleiter der PGP.

Vom Lesen zum Beten

In den Rhythmus der Psalmen finden

Petra Müller

In vielen Gottesdiensten und Andachten haben die Psalmen einen festen Platz. Wir sprechen oder singen sie gerne im Wechsel, sei es zwischen Liturg und Gemeinde, Frauen und Männern oder rechter und linker Seite im Kirchenschiff. Seit fast 3000 Jahren kommen die Psalmen im jüdischen und christlichen Gottesdienst, in Klöstern und monastischen Gemeinschaften, aber auch im Gebet des Einzelnen zur Sprache. Die Psalmen sind immer wieder neu gedeutet worden, von Juden und Christen, in der Liturgie und im persönlichen Gebet. Darüber hinaus gibt es in der Bibel weitere Texte, die den Psalmen ähnlich sind, wie das Lied der Hanna im Alten Testament oder das Magnifikat im Neuen Testament. In der evangelischen Tradition sind in Anlehnung an die Psalmen zahlreiche Lieder entstanden. Beim Beten der Psalmen verbinden wir uns mit den Erfahrungen vieler Menschen früherer Jahrhunderte, ja Jahrtausende.

Das Leben ausworten
Durch die Jahrtausende hindurch sind die Psalmen in lebendigem Gebrauch. Ungebrochen ist ihre Kraft, so dass Generationen von Menschen in ihnen Trost suchen, Vertrauen aussprechen, ihre Empörung und Wut kundtun, klagen, um Rettung flehen und zu Lob und Dank finden. In ihnen und ihrer reichen Bilderwelt finden wir uns mit allem wieder, was unser menschliches Leben bewegt. So vielschichtig wie das Leben ist, so vielgestaltig sind die sprachlichen Bilder der Psalmen. Die uralten Texte können uns Äußerung sein, Erlebnisse und Gefühle ins Wort zu bringen, sie „auszuworten" – von höchstem Jubel bis zur tiefsten Verzweiflung. Alles darf zur Sprache kommen. Die Betenden tragen das, was sie bewegt, vor Gott, den sie suchen, den sie anrufen, der ihnen im Dunkeln bleibt, den sie loben und preisen. Sie ringen um Antwort auf ihre Lebensfragen. Indem sie das tun, erleben sie dabei nicht selten Veränderung und Wandlung.

Bewährte benediktinische Praxis
Die Psalmen haben einen festen Sitz im Stundengebet der Kirche. Im 6. Jahrhundert hat Benedikt von Nursia in seiner Regel sehr genau niedergeschrieben, wann welcher Psalm gebetet wird. Bei dieser Psalmenverteilung ist er von dem Prinzip abgewichen, sie einfach der Reihe nach zu beten. So hat er für jede Gebetszeit passende Psalmen zusammengestellt. Auch wenn Benedikt eine Ordnung für die Psalmen festgelegt hat, so lässt er doch auch jedem

Kloster die Freiheit, eine eigene Verteilung der Psalmen zu finden. Einzige Voraussetzung: Alle 150 Psalmen sollen in einer Woche gebetet werden. Er schreibt: „Wir machen ausdrücklich auf Folgendes aufmerksam: Wenn jemand mit dieser Psalmenordnung nicht einverstanden ist, stelle er eine andere auf, die er für besser hält. Doch achte er unter allen Umständen darauf, dass jede Woche der ganze Psalter mit den 150 Psalmen gesungen und zu den Vigilien am Sonntag stets von vorn begonnen wird." (RB 19, 22-23) Die benediktinische Praxis führt zweierlei vor Augen. Auf der einen Seite kann man beim Beten eines Psalms mit seiner eigenen Situation in den Text eintauchen. Auf diese Weise wird er zum persönlichen Gebet. Wenn aber, einer gewissen Ordnung folgend, alle 150 Psalmen innerhalb einer Woche gebetet werden, dann nimmt man von der eigenen Gestimmtheit und den eigenen Vorlieben (gefällt mir dieser Psalm oder nicht?) Abstand und stellt sich in eine größere Gemeinschaft der Betenden. Man sieht aber auch: In der Wiederholung liegt die Kraft, Wiederholung bringt Vertiefung. Wenn man dann auch noch bedenkt, dass die meisten Mönche in der damaligen Zeit des Lesens nicht kundig waren! Beim Beten der Psalmen hielten sie kein gedrucktes Buch und kein Textblatt in Händen. Sie haben die Psalmen auswendig gekonnt.

Vom Lesen zum Beten
Meine Wahrnehmung ist, dass wir in kirchlichen Bezügen einen Psalm häufiger lesen als beten, so möchte ich das ausdrücken. Für mich macht es einen Unterschied, ob man sagt: „Im Wechsel lesen wir miteinander Psalm 121" oder „Im Wechsel beten wir miteinander Psalm 121". Damit aus Texten Gebete werden können, braucht es, glaube ich, die oben beschriebene Haltung: sich mit der eigenen momentanen Gestimmtheit in den Text begeben, aber auch über die eigene Situation hinausgehen zu können. Wenn man sich im „stillen Kämmerlein" mit einem Psalm beschäftigt, hilft es, wenn man ihn nicht nur still liest, sondern wenn man ihm auch hörbar Sprache gibt, indem man ihn laut vor sich hin spricht. Auch kann man beim lauten Lesen im Raum umhergehen, so dass etwas in Bewegung kommt. Eigentlich sind die Psalmen ja Lieder. In der Zeit der Gregorianik sind die sog. acht Psalmtöne entstanden. In dieser Weise die Psalmen zu singen, das braucht Übung. Wer darin aber geübt ist, wird feststellen, dass dieses „Psalmodieren" zu einem vertiefenden Beten führt. →

In den Rhythmus der Psalmen finden

Am wichtigsten aber, um in das Beten eines Psalms hineinzukommen, ist, dass man ihn in dem dafür vorgesehenen Rhythmus spricht. Auch dieser hat eine sehr lange Tradition. In der evangelischen Kirche ist dieser Rhythmus fast ganz in Vergessenheit geraten. Wenn wir Psalmen im Wechsel sprechen, dann hat es sich eingebürgert, dass wir eine kurze Pause beim Wechsel von dem einen Vers zum nächsten Vers machen, dann, wenn der Wechsel zur anderen Gruppe stattfindet. Doch die Pause ist nicht am Ende des Verses, sondern in der Mitte des Verses, also nach einem Halbvers (*). Und auch die Pause hat ein ganz bestimmtes Metrum. Man kann sie vergleichbar mit der Länge eines Atemzuges beschreiben. Um sie einzuüben, kann man als Hilfsmittel aber auch im fortlaufenden Sprechrhythmus „Pause, Pause" sagen. Am besten aber lässt sich der Rhythmus einüben, wenn man sich in das Beten und Singen einer geübten Gemeinschaft – wie in den Klöstern – einklinkt.

Es ist meine tiefe Überzeugung und lange Erfahrung, dass in besonderer Weise dieser Sprech- oder Singrhythmus dazu beiträgt, dass man vom Lesen zum Beten kommt. Um wirklich hineinzukommen, damit dieser Rhythmus in Fleisch und Blut übergehen kann, braucht es Zeit und Übung. Warum nicht einmal alle 150 Psalmen auf diese Weise durchschreiten: Tag für Tag sich einen Psalm vornehmen?

Vielleicht mögen Sie diesen Rhythmus einmal ausprobieren und sich einfinden in ein ganz anderes Versmaß, als wir es normalerweise gewohnt sind. Sie können hier und jetzt mit Psalm 121 beginnen. Ein erster Versuch, um auf den Geschmack und in Übung zu kommen. Die Pausen sind mit abgedruckt.

Psalm 121 im alten Rhythmus des Psalmbetens

1 Ich hebe meine Augen auf zu den Bergen. * *Pause, Pause*
Woher kommt mir Hilfe? (sofort weitersprechen)

2 Meine Hilfe kommt vom Herrn, * *Pause, Pause*
der Himmel und Erde gemacht hat. (sofort weitersprechen)

3 Er wird deinen Fuß nicht gleiten lassen, * *Pause, Pause*
und der dich behütet, schläft nicht. (sofort weitersprechen)

4 Siehe, der Hüter Israels * *Pause, Pause*
schläft und schlummert nicht. (sofort weitersprechen)

5 Der Herr behütet dich; * *Pause, Pause*
der Herr ist dein Schatten über deiner rechten Hand, (sofort weitersprechen)

6 dass dich des Tages die Sonne nicht steche * *Pause, Pause*
noch der Mond des Nachts. (sofort weitersprechen)

7 Der Herr behütet dich vor allem Übel, * *Pause, Pause*
er behüte deine Seele. (sofort weitersprechen)

8 Der Herr behütet deinen Ausgang und Eingang * *Pause, Pause*
von nun an bis in Ewigkeit! (sofort weitersprechen)

Ehre sei dem Vater und dem Sohn * *Pause, Pause*
und dem heiligen Geist, (sofort weitersprechen)

wie im Anfang so auch jetzt und allezeit * *Pause, Pause*
und in Ewigkeit. Amen.

Statements zum Thema „Beten":

„Beten ist meine Verbindung zu Gott. Ich kann ihm dann alles sagen, was mich bedrückt oder was schön war. Ich fühle mich dann freier und besser. Dann ist alles schon nicht mehr so schlimm."
Maya, 9 Jahre

Petra Müller ist Diplompädagogin für Erwachsenenbildung und Theologie und arbeitet als Referentin in der Fachstelle Alter der Nordkirche.

Gebet im Seniorenkreis

Marion Kunz

Wenn ich den meist hochaltrigen Menschen in den Kreisen zuhöre, dann denke ich oft an den Spruch „Not lehrt beten". Viele der Lebensgeschichten handeln von Verlust und Tod und letztendlich immer auch von Bewahrung. Und im Rückblick wird die Bewahrung als Gottes Handeln erlebt. Generell ist für die Senioren und Seniorinnen das Gebet eine Selbstverständlichkeit. Es ist für viele lebenslange Praxis, für andere das, was in der Gemeinde (Gottesdienst, Seniorenkreis) gesucht und genutzt wird. Und nach meiner Beobachtung wird es, je älter die Menschen sind, umso selbstverständlicher. Es ist und war immer Teil des Tages.

Über das Gebet geschieht oft auch eine Vergewisserung: „Wo bin ich? – das ist jetzt Gemeinde". Viele (die eher jüngeren) sind noch in anderen Zusammenhängen aktiv, z.B. im Gesundheitssportverein, in der Seniorenbegegnungsstätte.

Das Gebet ist hier, in der Gemeinde, vertraut, gewohnt, erwartet, es gehört unbedingt dazu

Für viele Seniorenkreise ist dann Schluss, wenn gemeinsam das Vaterunser gebetet und ein Segen gesprochen wurde. Auch dies ist eine Form der Vergewisserung.

Von sehr hoher Bedeutung ist das gesungene Gebet. Es ist fast überall üblich, dass Geburtstagskinder sich Lieder wünschen dürfen. Wenn es mehrere Geburtstage waren, dann werden auch mehrere Lieder gesungen. Das geschieht immer – unabhängig davon, wie gut der Gesang in der Gruppe gelingt, ob es musikalische Begleitung gibt oder jemand anstimmen kann. Der Liedwunsch einer Frau anlässlich des 90. Geburtstages war: „So nimm denn meine Hände". Oft ist das Lied als gesungenes Gebet eine Bitte um gelingendes Sterben und der Wunsch dabei von Gott gehalten zu sein, um ruhig und getröstet zu sterben.

Sehr schwierig ist für viele das Erleben, dass die nachkommenden Generationen diese Praxis nicht übernehmen. Sie singen andere Lieder. Schwierig ist ebenso das Erleben, dass die jüngeren Generationen die Lieder und auch die Psalmen, die die „Alten" im Konfirmandenunterricht auswendig gelernt haben, nicht mehr können und das so nicht miteinander geteilt werden kann. Aber es bleibt bei den Alten auch das Gefühl, dass die Jungen sich da selbst einen Schatz versagen, der im Leben so oft gut tun kann.

Welche Rolle spielt Gebet in meinem Leben?

Wer erst nicht morgens betet,
ist arm den ganzen Tag.
Sein treuer Engel weichet
und sieht ihm traurig nach.
Ich fühle mich getröstet, gestärkt und geborgen.

Brigitte, 79 Jahre

Das Gebet ist für mich eine Grundlage, die mir die Kraft gibt alles Auf und Ab des Lebens zu meistern.

Gertraude, 77 Jahre

Am Anfang war es das kindliche Abendlied in Gebetsform, das Gebet war einfache in Tagesgerüst. Mit wachsendem Verständnis wurde es zum Nachdenken, im Alter wird es zum unverzichtbaren Gespräch mit Gott.

Käthe, 87 Jahre

Das Gebet ist das Gerüst in meinem Alltag – es gibt mir Ruhe und Zuversicht.

Elke, 78 Jahre

Beten gehört zum alltäglichen Leben dazu – früh und abends, den ganzen Tag. Und das mein Leben lang. Ich wurde orthodox getauft und bin als Kind in Rumänien aufgewachsen. Unser Lehrer war der Pope der Kirche. Schule und Kirche gehörten zusammen und Gebet war einfach dabei.

Walter, 88 Jahre

„Seid fröhlich in Hoffnung, geduldig in Trübsal, haltet an am Gebet", war das Motto des 1953 in Leipzig stattgefundenen Kirchentages, an dem ich als 15-jähriges Junge-Gemeinde-Mitglied aktiv am Ordnungsdienst teilgenommen habe. Seit dieser Zeit sind diese Worte bis heute meine Leitlinie und haben mir über manche Schicksalsschläge hinweg geholfen. Sie begleiten mich ständig, so dass ich heute mit fast 80 Jahren ein abwechslungsreiches, aktives und glückliches Leben führen kann.

Christel, 79 Jahre

Für mich ist das Gebet sehr wichtig. Ich kann mit Gott reden und mein Herz öffnen und er hört mich an. Vor allem möchte ich ihn ehren, loben und Dank sagen, für alles was er für meine Familie und mich getan hat. Ich sage im Gebet auch, was mich bewegt und was mir Sorgen bereitet und um was ich ihn bitten möchte. Einbezogen sind dabei Menschen, die Gottes Hilfe benötigen.

Jutta, 75 Jahre

Beten gehört für mich zum Alltag. Es gibt so vieles zu danken, ich kann auch mein Herz ausschütten bei Gott, ihn um Hilfe bitten in Not. So richtig zu Bewusstsein gekommen ist es mir in der JG (Junge Gemeinde), da haben wir oft über Beten gesprochen. Zum Beispiel habe ich meinen Opa mit Kehlkopfkrebs gepflegt, dazu kam unser 2-jähriger Sohn mit Keuchhusten. Meine Kräfte waren ziemlich am Ende. Ich habe unseren Herr Gott um Hilfe gebeten, Opa von seinem Leiden zu erlösen, am 3. Tag schlief er ein. Da habe ich gemerkt, dass mein Gebet erhört wurde, dafür auch gedankt. So erfuhr ich dies in meinem Leben viele Male. Es ist mir ein Bedürfnis am Gebet festzuhalten.

Gisela, 80 Jahre

Das Gebet ist für mich morgens das Erste. Es hat mich im Leben wieder aufgerichtet und Kraft gegeben. Am Abend danke ich.

Else, 82 Jahre

Das Gebet am Morgen ist mir Halt und Geborgenheit für den Tag und abends für den Dank und einen ruhigen Schlaf.

Helga, 78 Jahre

1946 wurden wir aus Hirschberg i. Riesengebirge von den Polen vertrieben. Gott sei Dank kamen wir ins Münsterland! Ob und wo unser Vater noch lebte, wussten wir nicht. Wir haben um ein Lebenszeichen gebetet. Als die Nachricht kam, dass er lebt und in russischer Gefangenschaft war, fiel uns ein Stein vom Herzen. Wir beteten und beteten! Ich erinnere mich gut, dass ich sogar auf dem langen Weg zur Schule, beim Ähren aufsammeln, beim Kartoffelkäfer absuchen im Stillen betete. 1949 am „Heiligen Abend" kam ein Telegramm, dass unser Vater in Friedland sei, am zweiten Weihnachtstag war mein, unser Vater endlich bei uns! Das war das größte Weihnachtsgeschenk unseres „Lebens"! Ich war damals 13 Jahre, meine Schwester 11 Jahre, meine Mutter 36 Jahre alt. Unsere Gebete hatten geholfen!

Renate, 81 Jahre

Warum beten wir? Unsere Namen – meine Frau heißt Brigitte und mich nennen die meisten Harry! Wir beten oft gemeinsam zu Gott-Vater, den wir durch Jesus Christus' heilige Worte kennen und lieben gelernt haben, denn es gibt wohl kaum eine größere Liebe als sein eigenes Leben zum Opfer zu geben. So starb Jesus für uns Sünder, auch nur ER kann uns unsere Sünden vergeben und uns eine neue Perspektive zeigen. Ja Gottes Führung brachte uns zusammen und unser Glaube brachte uns hierher und so bitten wir IHN von ganzem Herzen, dass ER uns, unsere Familie sowie Freunde und Bekannte segnen möchte, d.h. vor schlimmen Gefahren und Schaden bewahren möge, denn das Leben ist doch oft ein harter Kampf ums Dasein und ohne Ehrfurcht vor Gott und dem menschlichen Gewissen kommen wir ab vom rechten Lebensweg und vom Lebenssinn. Im Gewissen steht uns vor Augen, was gut und was böse ist, welches Ziel wir uns wählen, die 10 Gebote sind das Kriterium unserer Menschlichkeit. Im bzw. mit dem Gebet fassen wir Vertrauen zum Partner, den wir voller →

Glaubensgewissheit ansprechen dürfen, und es lehrt uns die Erfahrung, dass es nicht immer nach eigenem Gutdünken geht, und wir gewinnen Kraft und Freude durch die Tugenden von Glaube, Hoffnung und Liebe und wer in der Liebe bleibt, der bleibt bei Gott und Gott heißt bei ihm bzw. bei dir und mir.

Brigitte und Harry

Jeder Tag beginnt mit einem Gebet, in dem ich den Vater im Himmel bitte, er möge mir Kraft geben, damit ich meine täglichen Pflichten bei zufriedener Gesundheit erledigen kann. Ich bete vor jeder Mahlzeit und danke Gott dafür, dass ich zu essen habe und nicht hungern muss. Viele Menschen, darunter viele Kinder, leiden an Hunger und Durst. Nicht zu vergessen die Tiere in Afrika und in Ausnahmefällen auch bei uns. Dabei hat die wunderbare Erde Brot für alle, es wird nur nicht gerecht verteilt. Das Leid dieser Menschen und Tiere macht mich fassungslos. Ich bete täglich und bitte Gott, dass meine

Familie gesund bleiben soll, und beziehe in das Gespräch die Alleinstehenden, Kranken und Wehrlosen mit ein. Ich fühle in mir, Gott gibt mir Kraft und Zuversicht und dafür bin ich dankbar für jeden Tag, den ich erleben darf.

Anita, 79 Jahre

An das Gebet wurde ich im Elternhaus herangeführt. Es gab das Tischgebet mittags und abends vor und nach den Mahlzeiten. Es gab ein Abendgebet vor dem Einschlafen und Fürbittgebete für kranke Verwandte und notleidende Menschen. Das Gebet begleitet mich im Gottesdienst als gemeinsames Gebet mit der Gemeinde und als stilles Gebet mit eigenen Worten. Und es gibt das Gebet auch im Alltagsleben als Bitt- und Dankesgebet und Gottes Segen für Familienangehörige. Ich habe gebetet beim Tod der Eltern, für Gesundheit und Wohlergehen von nahen Verwandten (Ehemann, Kinder, Enkelkinder, Geschwister) und um Frieden für alle Menschen.

Ursula, 75 Jahre

Marion Kunz ist Seniorenbeauftragte zur Förderung der Arbeit mit jungen Alten im Kirchenbezirk Leipzig.

ZURÜCKGEBLÄTTERT ZUM THEMA DIESES HEFTES

in: Die Christenlehre 25/1972, U10

Ein Jugendabend über das Beten des Vaterunsers

Martin Luther hat einmal die Behauptung aufgestellt: „Das Vaterunser ist der größte Märtyrer der Kirche!"

Was hat er wohl damit gemeint? ..

Warum ist das so? ...

Welche positiven Seiten hat das gemeinsame Beten des Vaterunsers?...

Zielgedanke: Es ist gut, dass wir das Vaterunser haben, aber wir brauchen eine Hilfe, ein „Geländer für unsere Gedanken", dass wir beim Beten nicht so hin- und herflattern ...

Praktisch geht das so vor sich, dass man beim Beten in Gedanken jede Bitte des Vaterunsers auf diesen Menschen (auf diese Sache) bezieht. Dadurch werden die Bitten konkret, sie werden zum Ausdruck für mein Anliegen im Blick auf diesen Menschen (Sache). Und man stellt erstaunt fest: dieses Gebet umfasst alles, was unser Leben angeht ...

Die Gruppen bekommen ein Blatt, auf dem die Bitten des Vaterunsers geschrieben sind. Dazwischen ist jeweils genügend Platz für die Gedanken der Gruppe.

Elisabeth Krebs

Öffentliche Gebetsinseln

Brauchen wir das Beten bei großen Schadensereignissen?

Jochen M. Heinecke

Wir stellen uns ein Unglück in Thüringen vor. Zwei ICE sind in einem Tunnel der Neubaustrecke zu Schaden gekommen. Davon sind am Ereignisort mehrere hundert Menschen betroffen. Da sind Verletzte und Sterbende, da sind Selbstretter, die fliehen oder hoffen und bangen. Und vermutlich kommen da noch viele benachrichtigte Angehörige hin. Dieses Szenario ist im vergangenen Jahr von Feuerwehr und Rettungsdienst mehrfach geübt worden. Zeitweise sind da über tausend Helfer im Einsatz. Sie dringen in den Tunnel vor, sie sichten Verletzte, sie bauen Zelte auf und sorgen für den Transport zum nächsten Krankenhaus. Da wird viel gearbeitet und gerannt, geschleppt, gekämpft, gerettet und geborgen. Wo soll man da noch beten? Brauchen wir dort eine aufblasbare Kapelle oder ein mit einem Kreuz gekennzeichnetes Zelt? Brennende Kerzen? Menschen mit Stola? Da schütteln Feuerwehrleute und Sanitäter den Kopf.

An Unglücksorten kann man alles Herkömmliche vergessen. Kerzen sind ein Sinnbild dafür. Im Kirchenraum, im Wohnzimmer oder auf der Krankenstation können sie sicher von dem zarten Licht sprechen, das in unsere Dunkelheiten leuchtet. Am Ort des Unglücks, mitten in zerborstenem Blech, mitten in Wind und Regen kann die Kerze nicht sprechen. Was man sehen würde, ist das Verlöschen der Flamme. Das ist weder hilfreich noch tröstlich. Wir sind gezwungen, gewohnte Formen zu überdenken. Und doch: Alle, die wir an einem Ort des Unglücks sind, leiden eine Not. In welcher Beziehung auch immer wir uns dort vorfinden – als Verletzter, als Davongekommener, als Angehöriger, als Retter – wir sind betroffen vom Einbruch der Todesmacht. Als Menschen macht uns das betroffen. Da widerspricht kein Notarzt und kein Feuerwehrmann. Also wo sollen wir hin mit unserer Sorge und was sollen wir tun in unserer Ohn-

macht gegenüber dem Tod? Ich denke, wir brauchen einen Rückhalt, der diese notvolle Gegenwart aushalten lässt. Wir brauchen die Kommunikation mit dem Grund des Seins. Manche haben andere Vorstellungen von der Ordnung der Welt als Christen. Aber wo Christen sind, sollte der Grund ihres Vertrauens schon zur Sprache kommen. Warum sollte er am Ort einer Katastrophe verborgen werden?

Ich erinnere mich an ein Unglück, bei dem zwei Feuerwehrkameraden starben. Die Särge waren in den Leichenwagen geladen worden. Alle standen wie gelähmt darum herum. Da trat unerwartet der Ortspfarrer einen kleinen Schritt vor und sprach: „Der Herr behüte Deinen Ausgang und Eingang. Von nun an bis in Ewigkeit." Mit der Rechten schlug er ein kleines Kreuz. Da löste sich die Starre. Ja, die Grenze zwischen Übergriff und Bekenntnis ist schmal. Aber es ist unsere Verantwortung als Christen, dass die Hinweise auf die Rettung der Welt, so wie wir sie glauben, nicht verborgen bleiben. Wir brauchen Klage und Gebet, wir brauchen das Reden mit und von Gott – auch an Einsatzorten. Es geschieht nicht an besonders gekennzeichneten Orten. Es ist keine Kerze, keine Orgel, keine Agende nötig. Nötig sind Menschen, die da sind. Und die mutig Türen öffnen. Ihre eigenen Türen zuerst. Von innen nach außen. Und so werden Inseln oder Räume entstehen. Das habe ich in mehr als fünfundzwanzig Jahren als Klinik- und Notfallseelsorger immer wieder erlebt. Der Raum entsteht im Moment. Eine Kirche wie ein Zelt. Ein lichter, nach dem Himmel offener Ort, mitten in der Finsternis. Ein unverfügbarer Ort mitten im Chaos.

Ohne das Gebet fehlt uns etwas. Gerade an Unglücksorten. Wir können den Raum dafür nicht errichten. Aber er wird entstehen.

Jochen M. Heinecke ist Landespfarrer für Polizei- und Notfallseelsorge in Thüringen.

„Die tu ich alle jeden Tag durchbeten ..."

Für andere beten

Petra Müller

Eine Bekannte erzählte mir kürzlich von einem Besuch bei einer älteren Dame. Diese hatte in ihrer guten Stube auf einem Sideboard nebeneinander eine ganze Reihe von Fotos mit ganz unterschiedlichen Menschen aufgestellt. Sie waren ihr gleich ins Auge gefallen. Die beiden kamen schnell miteinander ins Gespräch. Auf die Nachfrage, was es mit den Fotos denn auf sich hat, erklärte die Dame: „Die tu ich alle jeden Tag durchbeten. Ich bin zwar nicht mehr mobil, aber das kann ich noch!"

In Treue Tag für Tag für die Anliegen anderer zu beten – das habe ich sehr eindrücklich auch schon vor sehr vielen Jahren in einer evangelischen Kommunität erlebt. Wie vielerorts können Menschen dort ihre Gebetsanliegen auf einen Zettel schreiben und in einen dafür bereitgestellten Kasten werfen. Auf einem Schild, das an dem Kasten angebracht ist, ist zu erfahren, dass für die Gebetsanliegen vier Wochen lang gebetet wird. Die Schwestern haben diesen Dienst so organisiert, dass im Rotationsverfahren immer eine Schwester eine Woche lang den Dienst der Fürbitte übernimmt. In einem Ringbuch sind die einzelnen Zettel, die mit einem Datum versehen sind, nach Themen wie Bitte, Dank, Klage und Lob eingeheftet. Täglich kommen neue hinzu und die, die schon älter als vier Wochen sind, werden wieder herausgenommen. Die jeweilige „Betschwester" nimmt sich jeden Tag in ihrer Zelle eine halbe Stunde Zeit und betet Zettel um Zettel durch. Einmal in der Woche, am Donnerstagabend in der Komplet, wird öffentlich für diese Anliegen gebetet. „Wir beten für eine Frau, die ... Wir beten für Klara. Wir beten mit Menschen, die uns ihr Anliegen in einer fremden Sprache anvertraut haben. Wir beten für eine Familie in Not ... ." Auf diese Weise, die den Schutz der einzelnen wahrt, können die Anliegen auch von der Gemeinde mitgetragen werden. Wenn dann am Samstagabend der Staffelstab an die nächste Schwester übergeben wird, liegt der treu zu verrichtende Dienst der Fürbitte zwar bei einer anderen Person, aber nach der intensiven Fürbittenzeit der vergangenen Woche trägt man die Anliegen auch noch eine weitere Strecke im Herzen mit und bringt sie auch weiterhin vor Gott.

Beide Beispiele machen deutlich, dass da Menschen in einer großen Zuverlässigkeit und Regelmäßigkeit und mit Ausdauer für andere beten. Sie fragen nicht, ob ihnen nach Beten zu Mute ist oder ob sie Lust dazu haben, nein: sie nehmen sich bewusst jeden Tag dafür Zeit. Für andere beten bedeutet, sie Gott anzubefehlen, sie vor Gott zu bringen. Die Übung besteht darin, dabei all unsere Vorstellungen, wie Gott handeln müsste und was die Menschen brauchen könnten, sein zu lassen. Das ist gar nicht einfach. Schnell sind wir der Versuchung unterlegen, auf Gott einzureden, ihm die Dinge zu erklären und Konkretes zu erbitten, was wir meinen, dass es für den anderen gut sei.

Ich selber habe für mich auch eine Form gefunden, um für andere zu beten. Zu den „Rubriken" Familie, Freunde, Beruf, Ich und Welt trage ich in ein kleines Heftchen, früher habe ich es auf eine Karteikarte geschrieben, einige Namen oder ein Stichwort ein. Auch immer nur für eine Woche, ähnlich wie ich es bei den Schwestern gelernt habe. Ich achte darauf, dass es nicht zu viele sind. Jeden Tag versuche ich mir fünf Minuten Zeit zu nehmen, um die Namen oder Anliegen vor Gott zu nennen. Das kann auch auf dem Fahrrad oder im Bus sein. Ja, es ist eine Übung nur zu beten: Ich bete für „Klara". Mehr nicht. Einfach Gott überlassen, was geschieht und was sich entwickelt. Ich bin nicht mehr fixiert auf meine eigenen Vorstellungen und Wünsche – und das macht frei. Es fördert aber auch auf eine ganz andere Weise Beziehung, wenn man „die alle jeden Tag durchbeten tut".

Statements zum Thema „Beten":

„Ich denke, dass jeder, der beten möchte, eine Art Standleitung zu Gott hat. Deshalb kann man immer und zu jeder Tages- und Nachtzeit beten. Man braucht dazu also nicht mal unbedingt eine Kirche."
Maxi, 35 Jahre

Petra Müller ist Diplompädagogin für Erwachsenenbildung und Theologie und arbeitet als Referentin in der Fachstelle Alter der Nordkirche.

Ein Pilgerweg nach innen

Das Herzens- oder Jesusgebet

Manfred Bacher

Statements zum Thema „Beten":

„Ich rede im Stillen, manchmal auch laut (wenn ich allein bin) mit Gott. Ich erzähle ihm, was gerade in meinem Kopf rumschwirrt, bitte um Hilfe und Unterstützung. Oft bekomme ich so Klarheit und kann den einen oder anderen Zweifel ausräumen. Als meine Kinder klein waren, habe ich vor dem Schlafengehen mit ihnen gebetet. Das hat mir und meinen Kindern immer ein gutes Gefühl gegeben, wir konnten so die Nähe Gottes besser spüren."

Kathleen, 42 Jahre

Das Herzens- oder Jesusgebet ist ein inneres, ein stilles Gebet ausschließlich auf der gedanklichen Ebene. Es geht zurück auf die Gebetspraktiken der alten Wüstenmütter und Wüstenväter, insbesondere auf Johannes Cassian (etwa 360 – 435 n. Chr.). Es wird auch als hesychastisches Gebet bezeichnet, da es ab dem 12. Jahrhundert auf dem Berg Athos praktiziert wurde. Üblicherweise wird es zweimal täglich – morgens und abends – etwa 20 Minuten lang sitzend im Rhythmus der Atmung praktiziert. Es kann aber auch im Sinne eines immer während Gebets jederzeit und überall zwischendurch angewendet werden, z.B. in der Warteschlange vor einer Kasse. Teresa v. Ávila sagte über das innere Beten: „Inneres Beten ist Verweilen bei einem Freund, mit dem wir oft allein zusammenkommen, einfach um bei ihm zu sein, weil wir sicher wissen, dass er uns liebt."

Im Mittelpunkt dieses Gebetes steht ein persönliches Gebetswort, welches sich die Betenden aus den überlieferten Gebetsworten selber wählen können. Sehr geläufig sind Erbarmungsbitten, wie *„Herr Jesus Christus, erbarme dich meiner"*. Das einmal gewählte Gebetswort sollte nicht mehr geändert werden.

Während des 20-minütigen Gebetes wird das Gebetswort gedanklich ständig im Stillen wiederholt, bis andere Gedanken sich dazwischen drängen. Sobald einem das bewusst wird, kehrt man ruhig und möglichst sanft gedanklich zu seinem Gebetswort zurück. Die Folge ist, dass mit einiger Übung sich der stetige Gedankenwirbel im Kopf verlangsamt und der Betende dadurch nicht mehr so sehr seinen Gedanken und Gefühlen ausgeliefert ist.

Die segensreichen Wirkungen des Herzensgebetes sind in zweifacher Hinsicht bemerkenswert. Einerseits wird auf körperlicher Ebene eine ruhigere Atmung, verbunden mit spürbarer Entspannung und innerer Ruhe, beschrieben, was sich positiv auf die Konzentrationsfähigkeit im Alltag, die Stressbewältigung und die wachsende innere Balance auswirkt. Auf der transzendenten Ebene wirkt mit zunehmender innerer Reinigung die Tiefe dieses kontemplativen Gebetes, so dass sich das Leben bei regelmäßiger Anwendung mehr und mehr im Einklang mit der transzendenten Ordnung befindet. Es geht darum, das Wirken Gottes in sich und seinem Leben wahrzunehmen.

Infos unter
www.kontemplation-in-aktion.de und
Manfred Bacher, Die Dimensionen des Seins entdecken, Münster 2015

Manfred Bacher ist Kommunikations- und Verhaltenstrainer, Berater in den Bereichen Persönlichkeits- und Organisationsentwicklung und Buchautor. Er lebt in Schwentinental bei Kiel.

Kleine Inseln des Innehaltens im Alltag

Silke Harms

Innehalten beim Glockenläuten

In vielen Orten läuten morgens, mittags oder abends die Kirchenglocken. In früheren Zeiten war das ein Signal, einen Moment mit der Arbeit aufzuhören und innezuhalten. So eine kleine Insel im Alltag ist eine Möglichkeit, sich immer wieder neu auf Gott auszurichten. Viele katholische Christen beten beim Läuten das „Angelusgebet", das seinen Namen von den ersten Worten hat: „Der Engel (Angelus) des Herrn brachte Maria die Botschaft, und sie empfing vom Heiligen Geist...." Es wird verbunden mit dem Ave Maria.

Evangelische Christen können z.B. ein Vaterunser oder Luthers Morgen- oder Abendsegen beten oder auch ein Gebet wie dieses:

> Die Glocken läuten.
> Bleib stehen
> oder setze dich für einen Moment.
> Unterbrich dein Tun.
> Schweige.
> Halte inne.
> Nimm deinen Atem wahr.
> Schließe deine Augen.
> Höre auf den Klang der Glocken.
>
> Gott ist gegenwärtig.
> Mach dir diese Gegenwart bewusst.
> Bete ein Vaterunser oder ein anderes Gebet.
> Oder bring mit eigenen Worten vor Gott,
> was dich gerade bewegt.
> (EG 815)

Beim Morgenläuten
Ich danke dir, mein himmlischer Vater, durch Jesus Christus, deinen lieben Sohn, dass du mich diese Nacht vor allem Schaden und Gefahr behütet hast, und bitte dich, du wollest mich diesen Tag auch behüten vor Sünden und vor allem Übel, dass dir all mein Tun und Leben gefalle. Denn ich befehle mich, meinen Leib und Seele und alles in deine Hände. Dein heiliger Engel sei mit mir, dass der böse Feind keine Macht an mir finde. Amen.

Beim Abendläuten
Ich danke dir, mein himmlischer Vater, durch Jesus Christus, deinen lieben Sohn, dass du mich diesen Tag gnädiglich behütet hast, und bitte dich, du wollest mir vergeben alle meine Sünde, wo ich Unrecht getan habe, und mich diese Nacht auch gnädiglich behüten. Denn ich befehle mich, meinen Leib und Seele und alles in deine Hände. Dein heiliger Engel sei mit mir, dass der böse Feind keine Macht an mir finde. Amen. →

Vierfaches Kränzlein

Der Name des Gebets bezieht sich wahrscheinlich auf den Rosenkranz. Da dieser Rosenkranz nur vier Perlen hat, wird er als „Kränzlein" bezeichnet. Martin Luther hat diese Gebetsform für das Beten mit den 10 Geboten, dem Glaubensbekenntnis oder dem Vaterunser empfohlen. Auch für die Meditation von einzelnen Bibelversen hielt er sie für sinnvoll. Darum ist im Folgenden allgemein von „Bibelvers" die Rede. Die vier „Perlen", die Luther benennt, sind Lehre, Dank, Beichte und Bitte/Fürbitte. Die Übung des vierfachen Kränzleins soll den Betenden für die Erfahrung des Redens Gottes offen und bereit machen. Luther weist darauf hin, dass es bei dieser Art des Betens geschehen könne, dass der Heilige Geist beginnt „jnn dein hertz zu predigen mit reichen erleuchten gedancken". Die aktiv vollzogene Übung soll also den Menschen fähig machen, ganz passiv zu werden und den Heiligen Geist sprechen und wirken zu lassen.

Ich murmele zu Beginn den von mir gewählten Abschnitt (z.B. ein Gebot, eine Bitte des Vaterunsers, einen Bibelvers ...) mehrmals vor mich hin. In der Wiederholung achte ich darauf, ob Pausen entstehen, ob bestimmte Worte sich stärker in Kopf und Herz murmeln, welche Melodie sich ergibt oder welcher Rhythmus. Bei den folgenden vier Schritten, den einzelnen „Perlen", ist es wichtig, der Meditation genug Raum und Freiheit zu geben. Jeweils zu Beginn lese ich die Anregungen und Fragen für diesen Schritt, am besten laut. Danach schließe ich die Augen. Wichtig ist einzig, was jetzt in mir nachwirkt. Es geht nicht um eine vollständige Beantwortung aller Fragen, sondern um eine innere Resonanz.

1. Perle des Kränzleins: **Lehre**
- Ich schaue genau hin: Was steht da?
- Was entnehme ich diesem Bibelvers? Was lehrt er mich?
- Zeigt Gott mir darin eine Richtung auf?
- Ich spreche vor Gott das betend aus, was dieser Vers in mir auslöst.

2. Perle des Kränzleins: **Dank**
- Welchen Dank löst dieser Bibelvers in mir aus?
- Wofür danke ich Gott jetzt?
- Ich spreche meinen Dank vor Gott aus.

3. Perle des Kränzleins: **Beichte**
- Wird mir eine Schuld, eine Trennung von Gott an diesem Vers bewusst?
- An welchen Stellen habe ich meine Beziehung zu Gott, meinen Mitmenschen oder mir selbst missachtet oder verletzt?
- Ich spreche es vor Gott aus.

4. Perle des Kränzleins: **Fürbitte/Bitte**
- Welche Bitten ergeben sich daraus?
- Welche Menschen und Anliegen kommen mir in den Sinn?
- Ich wende mich an Gott und äußere meine Bitten.

Um sich die Bedeutungen der vier „Perlen" zu merken, kann man auch seine Finger zu Hilfe nehmen. Der Daumen (Daumen hoch!) steht dann für den Dank, der Zeigefinger für die Lehre, der Mittelfinger („Stinkefinger") steht für die Beichte und der kleine Finger für die Bitte (das, was zu kurz kommt). Zusätzlich erinnert der Ringfinger an das, was wichtig (geworden) ist und womit man in Kontakt bleiben möchte.
Das Fingergebet eignet sich auch als betender Rückblick auf den Tag oder auf eine Woche.

Statements zum Thema „Beten":

„Beten ist für mich Loslassen und Fallen lassen."

Jeremias, 55

Dr. Silke Harms ist Referentin im Geistlichen Zentrum Kloster Bursfelde.

Gebete
in verschiedenen Lebenssituationen

»Herr, setze dem Überfluss Grenzen und lass die Grenzen überflüssig werden. Lasse die Leute kein falsches Geld machen, aber auch das Geld keine falschen Leute. Nimm den Ehefrauen das letzte Wort und erinnere die Männer an ihr erstes. Schenke unseren Freunden mehr Wahrheit und der Wahrheit mehr Freunde. Bessere solche, die im öffentlichen Leben wohl tätig, aber nicht wohltätig sind. Lehre uns die Einsicht, wer reich im Portemonnaie ist, ist nicht immer reich auch im Herzen. Gib den Regierenden ein besseres Deutsch und den Deutschen eine bessere Regierung. Lass uns sagen, was wir denken und lass uns tun, was wir sagen. Also lass uns das auch sein, was wir sagen und tun. Herr sorge dafür, dass wir alle in den Himmel kommen, aber – bitte – nicht sofort. Amen.«

Pfarrer Hermann Kappen aus Münster beim Neujahrsempfang des Jahres 1883 in der Kirche St. Martini et Nicolai zu Steinkirchen

Ich bitte nicht um ein Wunder und Visionen, Herr, sondern um Kraft für den Alltag!
Lehre mich die Kunst der kleinen Schritte:
Mach mich griffsicher in der richtigen Zeiteinteilung, schenke mir das Fingerspitzengefühl,
um herauszufinden,
was erstrangig und was zweitrangig ist.
Bewahre mich vor dem naiven Glauben,
es müsste im Leben alles glattgehen.
Schenke mir die nüchterne Erkenntnis, dass Schwierigkeiten, Niederlagen, Misserfolge, Rückschläge eine selbstverständliche Zugabe zum Leben sind, durch die wir wachsen und reifen!
Erinnere mich daran,
dass das Herz oft gegen den Verstand streikt.
Schick mir im rechten Augenblick jemand,
der den Mut hat, mir die Wahrheit zu sagen! Ich möchte dich
und die anderen immer aussprechen lassen.
Die Wahrheit sagt man nicht sich selbst,
sie wird einem gesagt.
Verleihe mir die nötige Phantasie,
im rechten Augenblick ein Päckchen Güte mit
oder ohne Worte an der richtigen Stelle abzugeben.
Bewahre mich vor der Angst,
ich könnte das Leben versäumen.
Gib mir nicht, was ich mir wünsche,
sondern was ich brauche.

Antoine de Saint-Exupéry

Jemand muss zuhause sein, Herr, wenn du kommst.
Jemand muss dich erwarten, unten am Fluss vor der Stadt.
Jemand muss nach dir Ausschau halten, Tag und Nacht.
Wer weiß denn, wann du kommst?
Herr, Jemand muss dich kommen sehen durch die Gitter seines Hauses, durch die Gitter – durch die Gitter deiner Worte, deiner Werke, durch die Gitter der Geschichte, durch die Gitter des Geschehens immer jetzt und heute in der Welt.
Jemand muss wachen, unten an der Brücke, um deine Ankunft zu melden, Herr, du kommst ja doch in der Nacht, wie ein Dieb.
Wachen ist unser Dienst.
Wachen.
Auch für die Welt.
Sie ist oft so leichtsinnig, läuft draußen herum und nachts ist sie auch nicht zuhause.
Denkt sie daran, dass du kommst?
Dass du ihr Herr bist und sicher kommst?
Jemand muss es glauben, zuhause sein um Mitternacht, um dir das Tor zu öffnen und dich einzulassen,
wo du immer kommst.
Herr, durch meine Zellentüre kommst du in die Welt und durch mein Herz zum Menschen.
Was glaubst du, täten wir sonst?
Wir bleiben, weil wir glauben.
Zu glauben und zu bleiben sind wir da, draußen, am Rand der Stadt.
Herr, und jemand muss dich aushalten, dich ertragen, ohne davonzulaufen.
Deine Abwesenheit aushalten, ohne an deinem Kommen zu zweifeln.
Dein Schweigen aushalten und singen.
Dein Leiden, deinen Tod mitaushalten und daraus leben.
Das muss immer jemand tun mit allen andern und für sie.
Und jemand muss singen, Herr, wenn du kommst!
Das ist unser Dienst:
Dich kommen sehen und singen.
Weil du Gott bist.
Weil du die großen Werke tust, die keiner wirkt als du.
Und weil du herrlich bist und wunderbar, wie keiner.

Komm, Herr!
Hinter unsern Mauern unten am Fluss wartet die Stadt auf dich.
Amen

Gebet des Klosters am Rande der Stadt
Silja Walter (1919–2011)

Beten im Rhythmus der Zeit

Die Stundengebete der Kirche

Petra Müller

Stundengebete – oder auch Tageszeitgebete genannt – unterbrechen mehrfach am Tag den Alltag. Sie strukturieren den Tag, sie teilen ihn in Abschnitte, sie folgen dem natürlichen Rhythmus der Stunden des Tages. Sie laden ein, eine kurze Zeit vor Gott zu verweilen. Sie erinnern an das Wesentliche. Sie stören aber auch den Ablauf der alltäglichen Aufgaben.

Stundengebete sind uralt, sie haben eine jahrhundertelange Tradition und werden bis heute in besonderer Weise in den katholischen Klöstern und evangelischen Kommunitäten gepflegt. Eine Form, die sich bewährt hat, eine Gewohnheit, die dem Beten und Leben Stütze und Halt geben kann, ein Ort des Gotteslobes.

„Betet ohne Unterlass" (1.Thess. 5,17) – aufgrund dieser und anderer biblischer Texte entwickelten sich sieben Gebetszeiten, die Horen. Die evangelische Tradition übernahm aus dem dreistündigen Gebetsrhythmus des Mönchtums, der sich durch Tag und Nacht hindurchzieht, vier Ordnungen: Laudes (Morgengebet) und Vesper (Abendgebet) als die Angelpunkte des Tages, die Sext (Mittagsgebet) auf der Höhe des Tages und die Komplet (das Nachtgebet) vor dem Beginn der Nachtruhe. Im Gesangbuch kann man auf sie zurückgreifen. Im kirchlichen Alltag finden sie selektiv ihren Ort.

Alle Tageszeitgebete bestehen aus Psalmengesang, Lesung, Lobpreis, Gebet und Momenten der Stille in einer durch Jahrhunderte bewährten Abfolge. Ihre intensivste und feierlichste Gestalt finden sie in gesungener Form. Der gregorianische Gesang ist in ihnen tief verwurzelt. Das liturgische Gebet kann herauslocken aus der Begrenztheit des persönlichen Betens und holt einen hinein in eine größere Gemeinschaft.

Wer die Stundengebete kennenlernen möchte, immer wieder einmal in ihren Rhythmus eintauchen und sie mitbeten möchte, ist in klösterlichen Gemeinschaften, die diese Form des Gebetes pflegen, am richtigen Ort. Elemente des Stundengebetes sind immer wieder auch in gemeindliche Zusammenhänge einzubauen. Vielerorts geschieht das, vielleicht in Form eines wiederkehrenden liturgischen Mittagsgebetes, einer Morgenandacht zum Wochenbeginn oder in Zeiten des gemeinsamen Unterwegsseins. Es lohnt, sich auch in die besondere Gestaltungsform des Wechselgesangs einzufinden. Auch da kann man in klösterlichen Gemeinschaften Erfahrungen sammeln, die ermutigen, das eine oder andere einzuüben und auszuprobieren und Geschmack daran zu finden.

Petra Müller ist Diplompädagogin für Erwachsenenbildung und Theologie und arbeitet als Referentin in der Fachstelle Alter der Nordkirche.

Gebetsirritation

Uwe Hahn

Es liegt schon einige Jahre zurück. Die Junge Gemeinde unserer Kirchgemeinde war sehr aktiv, auch über die regelmäßigen Jugendstunden hinaus. Und es war üblich, einen monatlichen Ausflug zu organisieren. In diesem Fall gab es eine Neuerung: Ausflug mit der JG einer Nachbargemeinde. Das Ziel war festgelegt. Die Absprachen zu Autos und Mitfahrern waren getroffen. Wir trafen uns auf einem Parkplatz, kurze Begrüßung, ich fand Platz in dem Auto eines Jugendlichen, der die Lehre zum Automechaniker abgeschlossen hatte.

Die Kolonne fuhr los. Nach wenigen Kilometern ließ die Geschwindigkeit eines vor uns fahrenden Fahrzeuges nach und es fuhr rechts raus. Unser Auto hielt ebenfalls an. Bevor wir reagieren konnten, stiegen die Insassen des defekten Wagens aus, öffneten die Motorhaube, stellten sich im Halbkreis um den Kühlergrill, falteten die Hände und begannen zu beten. Irritation in unserem Auto. Ich kannte die fünf Mädchen und Jungen nicht, da sie zur anderen Jungen Gemeinde gehörten. „Was machen die da?" „Das geht?" „Die spinnen doch!" „So sind die immer drauf." „Wenn das wirklich gehen soll, muss einer das Auto auch starten, sonst bemerken die den Erfolg gar nicht." „Jetzt lästere doch nicht!" Das waren die Wortfetzen in unserem Auto. Das Gebetsanliegen, oder sollte ich besser schreiben die Motorbeschwörungsformel, konnte ich nicht verstehen. Auch war ich etwas ratlos, wie ich als Leiter auf die Situation reagieren sollte. Jedenfalls haben wir die Betenden eine ganze Weile beobachtet. Vielleicht wollten wir auch Augenzeugen eines Wunders werden.

Und das Wunder geschah! Der Fahrer unseres Autos trommelte schon eine ganze Weile ungeduldig mit den Fingern auf dem Lenkrad. Dann sagte er: „Das kann ich mir doch nicht länger ansehen." Stieg aus, ging zum defekten Auto, schob die Betenden zur Seite und kümmerte sich um den Motor. Einer musste das Auto starten, währenddessen drückte, zog, klopfte er. Dann zog er mit einem Schlüssel etwas nach. Schließlich sprang das Auto an. Ein Wunder? Hatten die Betenden eine Lösung des Problems erreicht? Ja? Naja! Die Jugendlichen kannten sich doch. Wäre es nicht ehrlicher gewesen, vor Gott und den Menschen, den Automechaniker direkt zu fragen? Aber dann hätte ich diese kleine Geschichte nicht aufschreiben können.

Uwe Hahn ist Bezirkskatechet im Evangelisch-lutherischen Kirchenbezirk Leipzig und Redakteur bei der Praxis Gemeindepädagogik.

Mit Kindern beten

Maria Salzmann

Als ich klein war, wurde mit mir gebetet, am Bett und beim Essen. Später habe ich eigene Worte gefunden. Aber beten ist mehr als Händefalten und reden. Die folgenden Gedanken sollen die Buntheit von Beten zeigen.

Zum Gebet gehört eine **Gebets-Haltung**. Ich selber finde es lohnend, diese ganz bewusst auszuprobieren, allein, mit Kindergruppen, mit Erwachsenengruppen. Für jede Gebetshaltung nehme ich mir 10 Sekunden Zeit. Alles passiert im Schweigen. Ich spüre, wie sich die Haltung in meinem Körper anfühlt.

Hände falten
Anbeten – *Kniend aufrecht*
Anbeten – *Kniend auf den Fersen sitzend*
Anbeten – *ein Knie ist aufgerichtet*
Empfangen – *Hände als Schale vor mich haltend*
Haltung der Demut – *Kniend und die Stirn berührt den Boden, der Kopf liegt tiefer als das Herz*
Ausgestreckt auf der Erde (Gebetshaltung bei der Priesterweihe) – *als Kreuz ausgebreitet auf der Erde liegend, Gesicht nach unten*
Orante-Haltung – *Arme nach oben gestreckt, Hände geöffnet – Lobpreis*
Einfach dastehen und atmen
Ich bin verbunden mit allem, was lebt – *die Handflächen berühren sich vor der Brust zu einem geschlossenen Kreis*
Vergib mir meine Schuld – *beide Handflächen vor das Gesicht halten*
Lotossitz – *auf einem flachen Kissen sitzen, Beine im Schneidersitz (einen Fuß oder beide Füße über die Oberschenkel legen)*
Auf der Meditationsbank oder einem Meditationskissen sitzen

Danach reflektiere ich: Welche Haltung tut mir gut? Welche Haltung ist mir fremd?
   Keine Gebetshaltung ist besser oder schlechter. Meine Haltung soll zu mir und meinem Gebet passen. Welche stimmt, weiß nur ich.

Zu meinem Gebet gehört ein **Gegenüber**. Folgende Gedanken (frei gekürzt) aus dem Buch „Pure Präsenz" von R. Rohr sind für mich wegweisend geworden: Mose fragt am brennenden Dornbusch die Gottheit nach ihrem Namen und empfängt: JHWH als Antwort. Eine mögliche Übersetzung dafür ist: ICH BIN DA. Niemand kann den Namen JHWH aussprechen. Es wurde daraus JAHWE gemacht. Aber vielleicht sollte der Name gar nicht ausgesprochen werden, sondern es ist der Versuch den Klang des Atmens zu repetieren und zu imitieren? Das, was wir in jedem Augenblick unseres Lebens tun, atmen, bedeutet dann nichts anderes, als den Namen Gottes auszusprechen oder richtiger: zu atmen. Was kann mir näher sein als mein Atem, der ICH BIN DA? Das verändert meinen Glauben und mein Gebetsleben nachhaltig. Es gibt nämlich keine jüdische, christliche oder islamische Weise des Atmens, auch keine europäische, amerikanische, asiatische oder afrikanische Weise. Die Luft der Erde ist ein und dieselbe und der göttliche Geisteswind weht, wo er will (Joh 3,8) und das heißt, offenkundig überall. Kein Mensch und keine Religion können diesen Geist für sich allein beanspruchen oder gar einsperren. Genau so haben es Lehrer des Gebetes aus der Mystik gesagt: „Bleib bei deinem Atem; nimm deinen Atem aufmerksam wahr!" Es ist derselbe Atem, der Adam von JHWE in die Nase geblasen wurde. (1. Mo 2,7)

Atemgebet: (Dickgedrucktes sprechen, atmen, kursiv: die Bewegungen)
Geist des lebendigen Gottes – einatmen – *Arme seitlich bis über den Kopf heben*
erfrische mich wie Tau am Morgen – ausatmen – *betende Handflächen vor dem Gesicht „absenken" bis in Brusthöhe*
öffne mich – einatmen – *Arme weit geöffnet auseinander*
forme mich – ausatmen – *Arme formen einen „dicken Krug"*
fülle mich – einatmen – *Arme gekreuzt über die Brust*
brauche mich – ausatmen – *Arme nach vorn öffnen und absenken.*
3 × wiederholen
Amen.

Meine Gebetsform ist die **Meditation** geworden. Jeden Morgen sitzen mein Mann und ich 25 Minuten im Schweigen vor Gott. Wir beginnen mit einem Lied, schweigen und schließen mit Vaterunser, Fürbitte und Segen.

Im Matthäus-Evangelium steht, dass wir beim Gebet nicht viele Worte plappern sollen, denn Gott weiß, was wir bedürfen, bevor wir ihn bitten. „Darum sollt ihr so beten: **Vaterunser** …" Ich bete es gern für mich und in Gruppen mit Bewegungen. Es kehrt Gebetsruhe ein – begleitet von den Worten des Vaterunsers. *Bewegungen dafür findet man im Internet: „Vaterunser mit Bewegungen".* Das Vaterunser gehört zu den formulierten Gebeten von unseren Vorfahren, die von ihnen „angewärmt" sind. (Steffensky) Es ist gut, wenn ich das und andere Gebete auswendig kenne und sie in meinem Lebensgepäck immer parat habe: Vaterunser, Psalm 23, Befiehl du deine Wege… Sie verbinden mich mit meinen Vorfahren und mit vielen Menschen, die mit mir leben. Wir können sie gemeinsam sprechen und singen. Es ist mir ein pädagogisches Anliegen, Kinder in unsere Tradition mit hinein zu nehmen.

Ein viel praktiziertes Gebet von Familien ist das **Abendgebet**, das Abendgespräch, das Abendlied oder der Abendsegen am Kinderbett. Nach dem Gewusel des Tages wünschen wir uns Frieden für die Nacht. „Ich habe das bei meinen Kindern verpasst", sagte eine Mutter. Ihre Kinder waren 8 und 10 Jahre alt. „Ich habe Angst, dass meine Kinder mich auslachen, wenn ich das jetzt einführe."

Eine Hilfe kann eine **Gebetskette** mit 4 Perlen sein. Sie hängt am Bett des Kindes. Wenn die Mutter oder der Vater am Abend das Kind zu Bett bringen, nehmen sie diese Kette in die Hand.

Perle: „Lachendes Gesicht" – Wo habe ich heute etwas besonders Schönes erlebt? Dafür danke ich Gott.

Perle: „Weinendes Gesicht" – Wo habe ich heute etwas Trauriges erlebt? Das klage ich Gott.

Perle: „Zwei Strichmännchen" – die Fürbittenperle – Wer braucht heute gute Gedanken von mir und Gottes Hilfe?

Perle: „Fragezeichen" – Geheimnisperle – Ich denke an etwas, das mein Geheimnis ist. Nur Gott darf es wissen.

Die letzte Perle haben Kinder besonders gern. Die Kette fädelt und bemalt man sich selbst.

Es gibt noch weitere mir liebgewordene Gebetsformen:

Singen – im Mittelalter gab es die Vorstellung, dass Gott durch singen herbeigerufen wurde.

Kerzengebet – ich bin da, Gott. *In der Mitte einer Sandschale steht das große Gotteslicht. Am Rand stecken Weihnachtsbaumkerzen im Sand. Nacheinander zündet jedes Kind seine Kerze an.*

Segen – den Segen haben wir Christen aus einer ganz frühen Stufe des Judentums übernommen. Es gibt ihn bis heute, weil er Menschen gut tut. Der Segen ist an kein Amt der Kirche gebunden. Segnen darf jede/r. „Gott spricht: Ich will dich segnen und du sollst ein Segen sein." *Der Segnende legt die Hände auf den Kopf des Nachbarn; der Gesegnete wird daraufhin Segnender für seinen Nachbarn usw.*

Zum Schluss möchte ich noch auf eine Gebetsform hinweisen, die ohne Worte auskommt: **Mit den Füßen beten.** Hier ist wandern und pilgern gemeint. Ich gehe Wege von Ort zu Ort, schlafe in Pilgerherbergen, begegne Menschen, Tieren, Pflanzen, laufe und atme. Ich fühle mich verbunden mit allem Lebendigen. Albert Schweizer sagte: „Ich bin Leben, inmitten von Leben, was auch leben will." Für alle Gebetsformen gilt: Sind sie für mich hilfreich, dann kann ich sie auch mit Kindern und Erwachsenen praktizieren.

Literatur:
Rohr, Richard (2016): **Pure Präsenz**. Sehen lernen wie die Mystiker, München.

Maria Salzmann ist Studienleiterin für Kindergottesdienst und Familienarbeit am TPI Moritzburg.

Statements zum Thema „Beten":

„Beten macht meine Seele ruhig."
Ferdinand, 8 Jahre

Spielen
vor dem Angesicht Gottes

Vom Beten im Gottesdienst

Birgit Mattausch

Beten ist wie nur da sitzen.
An der Haltestelle der Tram.
Die Leute gehen vorbei
Turnschuhe bunt wie das Graffiti an der
Wand gegenüber.
Kinderwagen. Rollator.
Eine Penny-Tüte voller Flaschen.
Nur da sitzen. Schauen.

Beten ist wie Schaukeln.
Schwung holen & dann
Himmel & Hochhaus
Sandkasten
Und die Luft, die an deinen Wangen vor-
bei streicht.

Beten ist wie einschlafen.
Hinübergehen in das Land aus Wolke
und Traum.
Draußen die Nacht.
Die Autos.
Drinnen die Sterne.

Mehr schlafen sollte man, denkst du.
Mehr nur da sitzen.
Mehr schaukeln.
Mehr beten. [1]

Es gibt einen Ort, an dem andere und ich so und noch ganz anders beten. Dort habe ich so viel vom Gottesdienst und vom Beten verstanden, dass ich nicht darüber reden kann, ohne von diesem Ort zu berichten: St. Michael – aber nicht die große, schöne Unesco-Weltkulturerbe-Kirche in Hildesheim, sondern eine unscheinbare Betonkirche aus den 60er Jahren in einem unscheinbaren Wohn-

gebiet in dem unscheinbaren Ort Wernau bei Stuttgart. Wernau hat 12.000 Einwohner*innen und 4 katholische Kirchen. St. Michael war irgendwie übrig. Und wir bekamen einen Schlüssel: zwei Freunde und ich. Wir waren: Robby Höschele, evangelischer Diakon mit einer Stelle für Experimentelle Bildung in der Landeskirche, Sebastian Schmid, katholischer Pastoralreferent mit einem Auftrag im Bereich Jugendspiritualität bei der Diözese Rottenburg-Stuttgart, und ich, damals evangelische Gemeindepfarrerin in der Nähe von Wernau.

atelier:kirche

Wir trafen uns einmal die Woche in St. Michael, zündeten die drei Kerzen auf dem Altar und die Osterkerze an, erzählten, was wir mitgebracht hatten – in uns und an Material, mit dem wir spielen wollten. Und dann spielten wir. So nennen wir es.[2] Wir taten mit unserem mitgebrachten Material, was uns ein- und zufiel. Sebastian zerriss weiße DinA4-Blätter der Länge nach und legte sie so in den Mittelgang, dass ein Weg auf dem Weg entstand – mit einer Lücke in der Mitte. Robby projizierte gefundene Satzfetzen aus Zeitungen mit dem Beamer an die Wand hinterm Altar. Ich umwickelte die Skulptur einer Maria mit Kind mit roter Wolle. In der nächsten Woche machten wir weiter oder wir begannen Neues. So entstand die atelier:kirche. Heute kommen regelmäßig andere hinzu. Und die Diözese Rottenburg-Stuttgart hat eine 25%-Pro-

jektstelle für diese Arbeit und die Reflektion darüber eingerichtet.

Ist das, was Menschen in der atelier:kirche tun, Beten? Für sie: Ja. Wie die *Hokmah,* die Weisheit in Sprüche 8,30, *spielen* sie in der atelier:kirche *immerzu in Gottes Gegenwart.* Sie drücken das aus, was in ihnen ist. Sie folgen dem Moment. Es gibt keinen Plan. Etwas geschieht. Am Ende bin ich eine andere und das von mir mitgebrachte Material ist ein anderes. Ebenso der Raum – auch wenn es bisher Regel in St. Michael ist, dass noch am sel- →

ungewohnt

ben Abend der Kirchenraum wieder in seinen ursprünglichen Zustand zurückversetzt wird. Zur öffentlichen Liturgie der atelier:kirche gehört, dass die Leitenden am Beginn auf die beiden Pole aufmerksam machen, zwischen denen im Folgenden alles geschieht: *Dasein* und *Lassen*. Vermutlich spielt sich zwischen diesen beiden Polen alles ab, was wir Gebet nennen:

Dasein

Ich bin da vor Gottes Angesicht – mit allem, was ist: Starkes, Bedürftiges, Schuldiges, Verletztes, Begabtes. Zorniges. Das Gebet ist der Ort, an dem ich endlich einmal nichts verbergen muss. Ich muss nicht kleiner und nicht größer sein, nicht schöner und nicht bescheidener. So geht eigentlich alles Beten. Diese Haltung müssen Menschen üben. Manche üben Atmen bei Therapeutinnen, andere lernen Vertrauen in geheimen Chatgruppen, wieder andere hatten das Glück, in einer Familie aufgewachsen zu sein, die das lebte: Du darfst da sein, wie du bist. Unser Gott heißt „Ich bin da" – das ist sein Name. Jesus knüpft an diesen Namen an, wenn er sagt: Ich bin die Tür, der Weinstock, das Leben. Und wenn ich meine, ich dürfe vor Gott und in der Welt nicht da sein – mit allem, was ist –, dann traue ich dem großen Ich-bin-da nicht zu, dass es wirklich da ist und mich hält. Wo, wenn nicht in der Kirche, müsste also der Raum sein, ein solches vertrauendes Dasein zu üben?

Der traditionelle Gottesdienst kennt viele Formen, in denen Menschen so beten: da-seiend vor Gott: im Confiteor bringen wir unser Scheitern vor ihn, in den Fürbitten das, womit wir nicht alleine fertig werden in der Welt, im Ky-

rie, was in uns Erbarmen braucht, im Gloria unseren Jubel. Aber diese Formen sind geronnen. Viele, auch geübte, Kirchgänger*innen erkennen ihre ursprüngliche Bedeutung nicht mehr. Die Mitglieder eines Kirchenvorstands, den ich einen Tag lang begleitete, waren ganz überrascht, was es da im Eingangsteil des Gottesdienstes (der ja ein einziges Gebet ist) zu erleben gibt, wenn man genauer hinschaut. Das Kyrie ruft: Wir brauchen dich, Gott. Zum Gloria lässt sich, wenn es schwungvoll begleitet wird, schunkeln. Über dem Psalm kann man gemeinsam „brüten": die Augen darüber schweifen lassen, laut einzelne Wörter oder Sätze sagen, die mir ins Auge und ins Herz fallen, ungeordnet, durcheinander – gemeinsam da sein im alten Text, im Raum mit der je eigenen Stimme. All das macht man nun nicht jeden Sonntag. Aber jeden Sonntag kann man eines der Gebetsstücke aus dem Eingangsteil besonders ernst und wichtig nehmen. Vielleicht unter der Frage: Welcher Teil von mir braucht es besonders, vor Gott da sein zu dürfen?

Wer so den Gottesdienst vorbereitet, wird womöglich andere Akzente setzen als vorher. Mehr Stille. Mehr Zeit, um in sich hineinzuschauen. Vielleicht entstehen auch Ideen, wie die betenden Körper in eine Bewegung geraten – nicht immer nur sitzend oder stehend nach vorn ausgerichtet sind, nicht immer nur mit geneigtem Kopf. Und: die Sprache wird sich verändern. Wenn wir vor Gott da sind, unverborgen, unverstellt – dann werden wir nur noch schwer in Schachtelsätzen beten können. Und meine langjährige Erfahrung im Textcoaching mit Predigenden lässt mich mutig auch das Umgekehrte behaupten: Wer seine Gebe-

te in Leichter Sprache formuliert – das heißt: ein Satz – ein Gedanke, kein Nebensatz, idealerweise keine Verneinung – der*die wird beim Beten mehr da sein können und so anderen die Möglichkeit geben, da zu sein.

Der andere Pol: Lassen

Beim Beten bin ich da – aber ich lasse mich auch. Ich überlasse mich. Ich hoffe und wünsche, dass etwas anders wird. Etwas möge mit mir und der Welt geschehen, das ich selber nicht kann und nicht wusste. In der atelier:kirche spielte*betete eine ältere Dame einmal mit Wolle. Sie flocht etwa eine halbe Stunde lang Zöpfe. Später sagte sie, sie habe vorher nicht gewusst, was sie tun wollte. Etwas habe sie zu der von mir mitgebrachten Wolle gezogen. Dann habe sie angefangen zu flechten. Und irgendwann begriffen, das sei ja das, was sie immer schon getan hatte – die verschiedenen Stränge und Fäden ihrer Familie, ihres Umfeldes zusammenzufügen, so dass sie eins würden. Plötzlich wusste sie: Das war Teil ihrer Existenz, etwas wie ein Lebensthema. Die Beterin hatte zugelassen, dass etwas mit ihr geschah, dessen Zielpunkt sie nicht wusste. Sie tat es einfach. So, wie sie an anderen Tagen den Rosenkranz betete. Sie tat es und im Tun und Zulassen verstand sie etwas, fiel ihr etwas zu – man könnte auch sagen: Der Heilige Geist sprach zu ihr.

Auch dieses *Lassen* findet sich im traditionellen Gottesdienst. Beim Gnadenzuspruch sagt uns eine andere, dass

Pastorin Birgit Mattausch, geb. 1975, ist Referentin für Sprache und Gottesdienst im Michaeliskloster Hildesheim, dem Gottesdienstinstitut der Landeskirche Hannovers.

Michaeliskloster Hildesheim, Gottesdienstinstitut der Landeskirche Hannovers: www.michaeliskloster.de.

Blog: www.frauauge.blogspot.com.

atelier:kirche auf Facebook: @atelierkirchewernau

etwas in uns jetzt schon gut ist – ohne dass wir es kontrollieren könnten. In den Fürbitten sagen wir Gott, wo wir uns ihm überlassen wollen, wo wir und die Welt ihn brauchen. Was wir selber und aus eigener Kraft tun können, brauchen wir ihm nicht zu sagen. Das können wir einfach tun. Leider sind viele Fürbittengebete nicht so formuliert. Sie richten sich im Grunde gar nicht an Gott – sondern über einen Umweg an die doch eigentlich betende Gemeinde: „Und lieber Herr, lass uns verstehen, dass wir die Umwelt schützen müssen und deshalb den Müll trennen." So zu beten ist grob fahrlässig. Die Mitbetenden können sich nicht dazu verhalten, wie sie es etwa in der Predigt tun könnten. Sie können im Grunde nur aufhören zu beten. Echte Gebete wissen darum, dass es ein *Lassen* braucht: „Lieber Herr, wir lesen und hören: unsere Welt ist in Gefahr durch den Müll, den wir produzieren. Wir wissen nicht, wie wir anders leben sollen. Hilf uns." Und dann eine Stille, in die hinein Gott in die Herzen sprechen kann – wenn er denn will.

Dasein und *Lassen,* Spielen und Schaukeln, Atmen und Sitzen und Tanzen – alles ist Gebet, wenn es vor dem Angesicht Gottes geschieht. Möge unsere Kirche mehr beten. Und ich auch.

Anmerkungen:
1 Geschrieben von mir für das Arbeitsheft zum Feierabendmahl für den DEKT 2015 in Stuttgart.
2 Wir sind alle drei geprägt durch PlayingArts, eine Weise, wie man bei sich und anderen kreative Prozesse in Gang bringt, inspiriert durch die Beschäftigung mit Kunst.

Bildrechte: atelier:kirche

Gebet 2.0
Transzendenz in Zeiten der Digitalisierung
Karsten Müller

BlessU-2: Hat Gott einen Account?

Ist das die Antwort auf den Nachwuchs-Mangel im Pfarramt? Schon auf der Weltausstellung zum Reformationsjubiläum in Wittenberg sorgte der Segens-Roboter für Furore: Er wackelt mit den Augenbrauen, hebt die Arme und segnet in mehreren Sprachen! Und noch immer provoziert „BlessU-2" auf Veranstaltungen die grundsätzliche Frage nach Bedeutung und Wirkmächtigkeit des Seg(n)ens. Letztlich bleibt aber der/die Gesegnete in Wahrheit lediglich Rezipient/in. Was aber, wenn Spiritualität selbst ausgelebt werden möchte, und das auch noch digital?!

Szenenwechsel: Der Teenkreis der Gemeinde kommt zusammen, formuliert Gebete auf Zetteln, die später namenlos gesammelt und gerollt in die Löcher von einigen übereinander gesetzten Mauersteinen neben der Kanzel gesteckt werden. Der wöchentliche Gebetskreis der Gemeinde greift diese Anliegen dann noch einmal auf: „Das ist ja wie die Klagemauer in Jerusalem!" „Ja, oder als ob ich mein Gebet an Gottes Facebook-Pinwand poste!" Manche schmunzeln bei dem Gedanken, dass Gott auch digital in seinem Netzwerk einen Account hat, sprich auch virtuell erreichbar sei. Abwegig sei es für sie aber ganz und gar nicht. Wichtig wäre den Jugendlichen in diesem Kontext ein niederschwelliger und zutiefst persönlicher Zugang zu einem digitalen Gebet. Zudem müsse es ein geschützter Gebetsraum sein, in den man sich zurückziehen könnte. Sollte dies dann zu einer digitalen Gebetsgemeinschaft werden, müsse auch diese Community einen vertrauensvollen Umgang ermöglichen. Dies beinhaltete auch die Option, als Betende anonym auftreten zu können. Aber ist ein „digitales Posting" dann auch ein „richtiges" Gebet?

App2God: Spiritualität in „Digitalien"

Für die Jugendlichen stellt dieser Gedanke kein Problem dar: Auch ein beschrifteter Zettel transportiere das Anliegen als Medium weiter an andere. Außerdem ginge man davon aus, dass Gott „always on" sei. Dies könne man schon in den Psalmen nachlesen. Und da man sich ihn als polyglott vorstelle, traue man ihm auch digitale Kompetenzen zu. Für den Betenden sei dann nur die innere Haltung ausschlaggebend.

In der Tat gibt es für dieses virtuelle Gebets-Szenario durchaus frequentierte digitale Konkretisierungen, deren Potential es für das Ausleben der eigenen Spiritualität auszuprobieren lohnt. Die folgende Zusammenstellung zeigt beispielhaft mögliche Anwendungen:

- App **praybox** (Stiftung Christlicher Medien – Gebetsgemeinschaft für Teenager)
- App **amen.de** (Stiftung Christlicher Medien-Gebetsgemeinschaft)
- App **Gott offen** (Erzbistum Köln – den Alltag mit einem Gebet unterbrechen)
- App **Stundenbuch** (Katholischer Pressebund – Brevier für unterwegs)
- App **Sacred Space** (Jesuiten – tägliches Online-Gebet)
- App/Plattform **Twitter**: https://twitter.com/twittagsgebet (Badische Landeskirche – Mittagsgebet); https://twitter.com/twomplet (Abendgebet)
- **Online Kirche** St. Bonifatius, Hildesheim: www.kirche.funcity.de

Pray2-U: Beten bleibt Herzenssache

Eine subjektorientierte Spiritualität lässt sich nicht mit bloßen rezeptiven Erfahrungen zufrieden stellen und macht schon gar nicht vor dem Internet halt. Für Menschen, die das Internet als erweiterten Lebensraum für sich entdeckt haben, verschwindet die noch bei der Begegnung mit „BlessU-2" benannte Spannung zwischen Mensch und Maschine bzw. zwischen „Realität" und „Virtualität". Dabei ist spirituelles Handeln im Netz noch immer umstritten. In der Debatte sollte aber unbedingt berücksichtigt werden, dass eine diesbezügliche Kompetenz zwischen eigenständig im Internet handelndem Subjekt, dem genutzten Medium und der Unverfügbarkeit dessen, auf das sich Glaube ausrichtet, zu unterscheiden bei den Nutzenden durchaus vorhanden ist. Zudem war eine solche Differenzierung bereits vor den Zeiten des Internets nötig. Bietet ein „Beten 2.0" nun das Potential, um sich von überkommenen Zeichen und Ritualen zu lösen, um neue zu finden oder aber sich der Zeichenhaftigkeit bewusst zu werden? Und ist der Transformationsprozess der Digitalisierung ein Weg zu einer neuen individuellen und authentischeren Spiritualität?

Eine diesbezügliche cloud-basierte Nutzung lässt den Begriff der Transzendenz in einem ganz anderen Licht erscheinen. Das mobile Internet stellt mittlerweile eine tagtäglich real erfahrbare Präsenz dar. Bei der Nutzung des mobilen Internets tritt die Wahrnehmung der Technik in den Hintergrund; das Virtuelle wird wie selbstverständlich in den Alltag integriert und als realer Lebensraum für existentielle Bedürfnisse wahrgenommen. Das Internet wird als ein mich ständig, überall und mit scheinbar endlosem Potenzial ausgestatteter, umgebender Raum für Wirklichkeit akzeptiert und ist auch so im Bewusstsein verankert. (Nicht nur) Für Jugendliche hat ein die sichtbare „Realität" transzendierender Prozess im Zuge der Digitalisierung durch das mobile Internet längst eingesetzt.

www.rpi-kassel.de

www.rpi- medienbildung.de

https://www.facebook.com/karmue

https://twitter.com/_karstenMueller

So kann „Beten 2.0" nicht nur religiös sprachfähig machen, weil es an lebensweltlichen Erfahrungen und einer neuen Kulturtechnik anknüpft; sondern eine auch im Internet gelebte Spiritualität kann ebenso eine neue grundsätzliche Offenheit für die eigene Existenz im Gegenüber des Unverfügbaren ermöglichen. Es bleibt dabei, dass ich auch in modernen Zeiten Gott sagen darf, was mir auf der Seele brennt. Beten bedeutet dann, von Herzen mit Gott zu reden; und dies kann auch in digitalen Kanälen erfolgen: Pray2-U.

OStR Karsten Müller ist Medienpädagoge und arbeitet als Studienleiter für „Medienbildung / Neue Medien" im Religionspädagogischen Institut der Evangelischen Kirche von Kurhessen-Waldeck und der Evangelischen Kirche in Hessen und Nassau (RPI der EKKW und EKHN).

Ich zünde eine Kerze an

Lichterständer mit Gebetskerzen

Petra Müller

Gerne zünde ich in Kirchen eine Kerze an. Daher ist es vielleicht auch nicht verwunderlich, dass ich während meiner zwölfwöchigen Sabbatzeit auf der Insel nach und nach ein entsprechendes Ritual gefunden habe. Ich wohnte in unmittelbarer Nähe zur katholischen Kirche. Morgens, bevor ich mit gepacktem Rucksack aufbrach, ging ich erst noch in die Kirche. Ich betete das Vaterunser und zündete in der Seitenkapelle eine Kerze an. Mit dieser Kerze drückte ich meine Bereitschaft für das aus, was mir an diesem Tag begegnen und auf mich warten würde. Da ich mich früh auf den Weg machte, brannte meist nur eine einzige Kerze auf dem Lichterständer. Ich vermutete, dass wohl derjenige, der die Kirche aufgeschlossen hatte, vielleicht ebenso wie ich sein tägliches Ritual hatte. Die Kerze war aber auch eine Einladung an mich, ebenfalls eine Kerze zu entzünden. Ich merkte, dass ich immer wieder einmal ins Gespräch mit dieser einzelnen Kerze kam. Und wie gut, dass meine Kerze nicht alleine für sich stand. Wenn ich am späten Nachmittag oder frühen Abend zurückkam und in die Kirchstraße einbog, zog es mich wieder zu dem Kerzenbaum. Nun war er voller brennender Kerzen. Wieder entzündete ich ein Licht. Ich versuchte, den Ort in der Kirche aufzuspüren, wo ich jetzt in diesem Moment mit dem, was ich den Tag über in meinem Inneren und auf der Insel erlebt hatte, gerne sitzen wollte. Vor Gott ließ ich den Tag betend Revue passieren. Dann ging ich in den Abend. Am nächsten Morgen begann ich mein Ritual von Neuem …

In den katholischen Kirchen sind Opferkerzen, wie sie dort heißen, ein selbstverständlicher Brauch, der bis in die frühchristliche Zeit zurückreicht. Die Kerzenständer stehen häufig in Seitenkapellen bei Marienfiguren. Immer häufiger sind sie mittlerweile auch in evangelischen Kirchen anzutreffen. In orthodoxen Kirchen werden Kerzen vor den Ikonen entzündet.

„Ich bin nicht in der Kirche und gläubig bin ich auch nicht, aber ich zünde immer eine Kerze in der Kirche an. Das ist mir wichtig. Meinen Kindern soll es gut gehen. Und hoffentlich bleibe ich noch lange gesund", sagte eine Frau, mit der ich vor den Kerzen in der Inselkirche ins Gespräch kam. Dieses Ritual wird gerne auch von vielen wahrgenommen, die keinen Bezug zu Kirche und Glauben haben. Mit dem Anzünden der Kerze verbinden sie einen Wunsch, eine Bitte, ein Anliegen, Dank. Es tut ihnen gut. Ein wohltuendes Ritual. Eine zeichenhafte Unterstützung. Eine symbolhafte Verankerung. Ein Sichtbarmachen. Während man selbst schon längst die Kirche wieder verlassen hat, hält die Kerze das damit Verbundene lebendig.

Für gläubige Menschen sind die Kerzen ein sichtbares und unterstützendes Zeichen ihrer Gebete, besonders auch dann, wenn es einem die Sprache verschlägt, man keine Worte hat oder man um Worte ringt. Mancherorts liegen kopierte Zettel oder schön gestaltete Kärtchen mit formulierten Gebeten bereit: zum Beten vor Ort, aber auch zum Mitnehmen. Vielleicht kann man sein Anliegen auch noch in ein Buch, das ausliegt, eintragen oder an eine Pinnwand heften.

Gott,
dir kann ich mich anvertrauen
mit meinen Schwierigkeiten und Sorgen,
mit meinen Hoffnungen und Ängsten.
Schenke mir Mut und Kraft,
den Weg zu gehen, der vor mir liegt.
Gib mir Zuversicht, dass ich am Ende des Tunnels
wieder Licht sehen werde.
Sei und bleibe du bei mir.
Amen.

Gott,
ich bin gekommen, um diese Kerze anzuzünden.
Meine Kerze flackert.
Auch ich bin unruhig, denn…
Für einen Augenblick lang möchte ich zur Ruhe
kommen.
Noch atme ich unruhig.
Lass mich aufatmen – vor dir.
Du hast gesagt: „Ich bin bei euch alle Tage eures
Lebens."

Sei und begleite mich
mit deinem Licht und Segen.
Amen.

Gott,
ich habe diese Kerze angezündet für N.N.
Sei ihr/ihm nahe.
Begleite und beschütze sie/ihn.
Auch wenn ich gleich wieder gehe,
die Kerze brennt weiter.
Hab' acht auf uns.
Amen.

Petra Müller ist Diplompädagogin für Erwachsenenbildung und Theologie und arbeitet als Referentin in der Fachstelle Alter der Nordkirche.

auswendig rappen – imwendig beten

Rhythmisch gesetzte Psalmen gemeinsam sprechen

Olaf Trenn

Benny war letztes Mal nicht beim Konfi. Heute ist er wieder mit dabei und staunt. Statt die Gruppe zu begrüßen, gibt ein Teamer rhythmisch schnipsend die vier Viertel eines Taktes vor, und die Gruppe setzt ein: „Der (1)Herr ist mein (2)Hirte, (3)mir wird nichts (4)mangeln …" So geht es den 23. Psalm hindurch, und die Gruppe wiederholt das Ganze noch einmal, weil's Spaß macht. Niemand hat ein Liederbuch aufgeschlagen. Die Konfis können es auch ohne. Benny fragt: „Hattet ihr das für zuhause auf?" „Nö", sagt ein Mitkonfi, „das haben wir in der letzten Stunde ein paarmal gerappt. Nun haben wir es intus." Meine Erfahrung: auch Jahre später noch.

Schon merkwürdig. 1996 hatte ich zum ersten Mal einen Artikel zum Thema „Rhythmische Sprechmotetten" in KU-Praxis 35 veröffentlicht, und noch immer wird diese Herangehensweise, mit Gruppen Psalmen zu sprechen, sie ggf. so zu beten, nachgefragt. Vikarinnen und Vikare ziehen sich von mir eine Voll-Playback-Version von Psalm 23 aufs Smartphone und nehmen es mit in ihre Schulklassen, Konfis vieler Kirchengemeinden machen ihre ersten biblischen Sprechversuche mit den Psalm-RAPs, die im Anhang des neuen Liederbuches „Berliner Lieder" von 2014 aufgeführt sind. Und wo das 2005 erschienene KU-Praxisheft 48 noch in Bibliotheken oder privaten Samm-

lungen vorhanden ist, findet sich hinten eingeklebt auch die entsprechende Audio-CD „Psalm it" mit Hörbeispielen. Mit Teamern bin ich dafür 2004 in ein Tonstudio gegangen, wo wir mit professioneller Hilfe die im Laufe des Unterrichts gerappten Psalmen aufnahmen. Zuvor entstanden zusammen mit dem Komponisten Christian Hagitte, der auch die Aufnahmen leitete, die den einzelnen Psalmen zugrunde liegenden harmonischen Strukturen. So erhielt jeder Psalm ein eigenes Metrum und einen individuellen Charakter.

Rap gehört nun einmal zur Musikkultur Jugendlicher. Weil Raps eher gesprochen als gesungen werden, ist die Hemmschwelle fürs Mitmachen und für Jungen im Stimmbruch sowieso eher niedrig. Psalm-RAPs können im RU oder der Konfirmandenzeit theologisierend besprochen, rhythmisch gesprochen, gemeinsam gebetet und in besonderen Gottesdiensten auch aufgeführt werden. Sie bieten einen interessanten Zugang zur lyrischen Gebetssprache Israels und zu anderen dichten Glaubenstexten. Und rhythmisch-meditative Zugänge sind dem Christentum seit langem vertraut. In der Orthodoxie sprechen Betende das immerwährende Herzens- oder Christusgebet auf dem Rhythmus des eigenen Atems oder Herzschlags. In der katholischen Kirche haben sich die Rosen- →

kranz- und andere Litaneien ausgebildet. Die harmonisch-eingängigen Kehrverse aus Taizé sind Bestandteil des Evangelischen Gesangbuches und Grundbestand besonderer Gottesdienstformen in unseren Gemeinden. Und darüber hinaus jedes gemeinsam gesprochene Vaterunser oder Glaubensbekenntnis folgt einem geheimen, der feiernden Gemeinde jedoch vertrauten Rhythmus.

Schon nach wenigen Übungsdurchgängen prägen sich die gerappten Verse den Jugendlichen inwendig ein und begleiten sie durch Schule, Gemeinde und Leben, ohne je auswendig und schon gar nicht zuhause und auf Kurzzeitgedächtnis für den Unterricht gelernt worden zu sein. In meiner Zeit als Gemeindepfarrer erhielt jeder Jahrgang von mir zu Beginn einen eigenen biblischen Psalm als Psalm-RAP zugeeignet. Jede neue Gruppe lernte aber auch die früheren „Jahrgangspsalmen" kennen, weil die Teamer diese für sich während der Konfirmandenzeit immer wieder einmal einforderten. So wuchs unter den Jugendlichen über die Jahre ein aktiver Schatz biblischer Psalmen im Wortlaut, ohne dass ich sie je aufgegeben und abgeprüft hätte. Und ich bin mir sicher: Hätte ich das getan, es hätte einen solchen Schatz nie gegeben. Auf den Fahrten erhielten diese Psalm-RAPs zuweilen den Charakter von Gruppen-Hymnen, mit denen sich die verschiedenen Jahrgänge der inzwischen konfirmierten Teamer den neuen Konfirmanden präsentieren. Ab und zu haben sich einzelne Konfis einen der gerappten Psalmverse als Konfirmationsspruch gewünscht. Den kannten und den konnten sie. Und ich verstehe die Arbeit mit den Psalm-RAPs nach wie vor als Beginn eines Prozesses, in dem die Jugendlichen selbst die biblischen Verse als Refrain nutzen, um dazu eigene Strophen zu schreiben, eigene „Loops" zu komponieren und ihre Lebenswelten selbstbewusst mit der Jahrtausende alten biblischen Tradition zu verknüpfen und diese weiter zu entwickeln.

Einem annähernd natürlichen Sprechrhythmus folgend, versuchen meine Psalm-RAPs die Psalmverse in eine attraktive, symmetrische Taktstruktur zu fassen. Auf eine herkömmliche Notation verzichte ich. Jede Gruppe muss sich ihren Psalm zurechtsprechen. Die vier unterstrichenen Silben einer Zeile entsprechen dabei den vier Zähleinheiten eines Vier-Viertel-Taktes. Wer kann und mag, schnipst, klopft oder stampft sie beim Sprechen mit. Die übrigen Silben verteilen sich schon irgendwie angemessen dazwischen. Wo ein (x) statt einer Silbe steht, wird zum Beispiel nur geklatscht, nicht gesprochen. *Triolen habe ich hier einmal kursiv gesetzt.*

Psalm 23 RAP

Der	<u>HERR</u> ist mein	<u>Hirte</u>,	<u>mir</u> wird nichts	<u>mangeln</u>.
Er	<u>weidet</u> mich auf	<u>einer</u> grünen	<u>Aue</u>	(x) und
führet	<u>mich</u> zum frischen	<u>Wasser</u>.	Er er-<u>quicket</u> meine	<u>Seele</u>.
Er	<u>führet</u> mich auf	<u>rechter</u> Straße	(x) um seines	<u>Namens</u> willen.

Und	<u>ob</u> ich schon	<u>wanderte</u> im	<u>finstern</u>		<u>Tal</u>,
	<u>fürchte</u> ich kein	<u>Unglück</u>; denn	*du*	*bist* *bei*	<u>mir</u>,
dein	<u>Stecken</u> und	<u>Stab</u> trösten	<u>mich</u>.		(x)
Du be-	<u>reitest</u> vor	<u>mir</u> einen	<u>Tisch</u> im	Ange-	<u>sicht</u>

meiner	<u>Feinde</u>.	Du <u>salbest</u> mein	<u>Haupt</u> mit		<u>Öl</u>
und	<u>schenkest</u> mir voll	<u>ein</u>.	<u>Gutes</u> und	Barm-	<u>herzigkeit</u>
	werden *mir* *folgen* *mein* <u>Leben</u> lang,		<u>und</u> ich werde		<u>bleiben</u>
im	<u>Hause</u> des	<u>HERRN</u>	<u>immer</u>-		<u>dar</u>.

Literatur

Brick, Günter/Kurepkat, Marc/Trenn, Olaf: **Berliner Lieder**; München 2014.

Trenn, Olaf: **‚psalm it'** – Das Psalm-RAP-Projekt, in: KU-Praxis 48, Die Bibel, Entdecken, erleben, gestalten / vol. 1, Mit einer Audio-CD; S. 25 ff.; Gütersloh 2005.

Trenn, Olaf: **Rhythmische Sprechmotetten** – Lieder und Texte mit Elementen von „Rap-Musik" erschließen, in: KU-Praxis 35, Gott gab uns Atem … – Anregungen und Bausteine zu Liedern, S. 21 ff.; Gütersloh 1996.

Olaf Trenn ist Pfarrer und Studienleiter in der Vikariatsausbildung der EKBO.

Das VaterUnser

Jochem Westhof

Das zentrale Gebet der Christenheit ist das VaterUnser. Es ist aus unserer Gottesdienstkultur nicht wegzudenken. In der Regel ist es auch das einzige Gebet, das gemeinschaftlich gesprochen wird. Schon kleine Kinder lernen den Wortlaut durch Nachahmung und Mitsprechen, wenn sie denn in einer gottesdienstlichen Kultur aufwachsen. Freilich sind die Formulierungen keine kindgemäße Sprache, doch reizt gerade das gemeinsame „Gemurmel" und manches geheimnisvolle Wort zum Nachsinnen über seine Bedeutung. Erst für große Kinder sind dann Erklärungen und auch gemeinsame Deutungsversuche wichtig.

Wir haben die einzelnen Bitten des VaterUnser in einem großen Kreis angeordnet und machten dabei eine verblüffende Entdeckung: Der Kreis lässt sich aufteilen in einen Bereich „im Himmel" und einen Bereich „auf Erden":

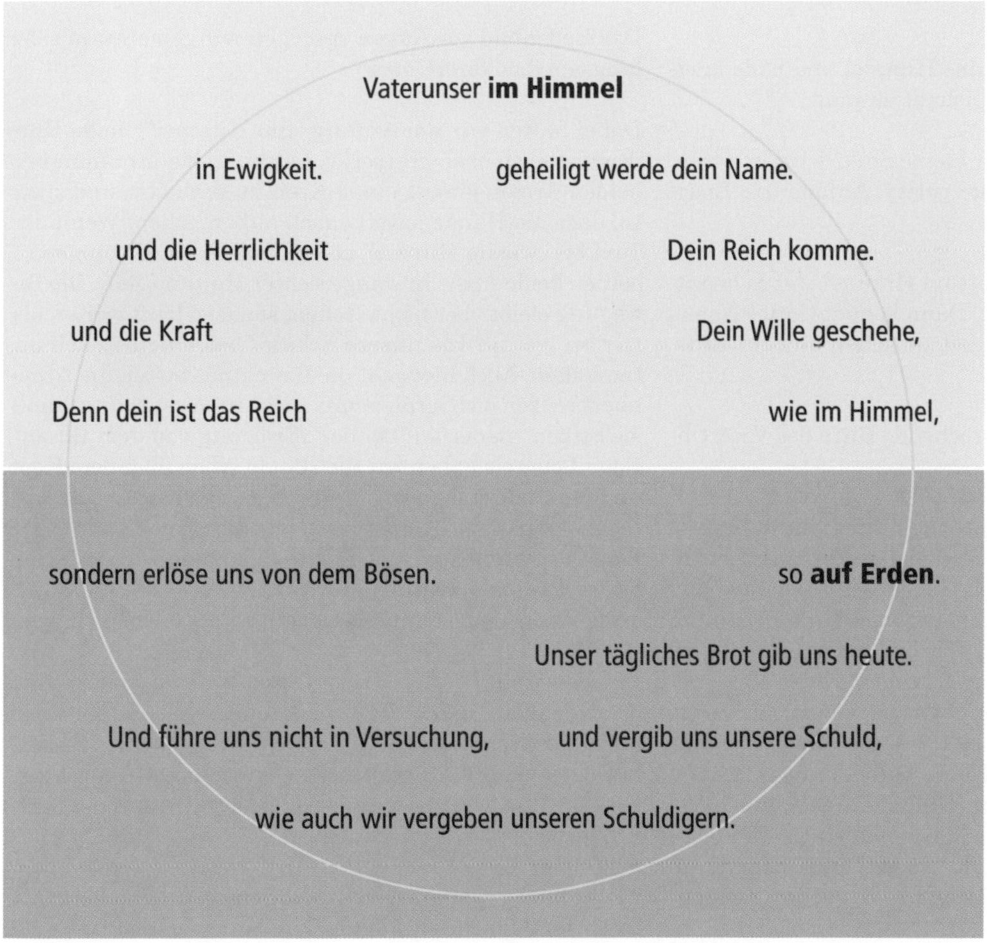

Vaterunser **im Himmel**

in Ewigkeit.   geheiligt werde dein Name.

und die Herrlichkeit   Dein Reich komme.

und die Kraft   Dein Wille geschehe,

Denn dein ist das Reich   wie im Himmel,

sondern erlöse uns von dem Bösen.   so **auf Erden**.

Unser tägliches Brot gib uns heute.

Und führe uns nicht in Versuchung,   und vergib uns unsere Schuld,

wie auch wir vergeben unseren Schuldigern.

Diese Aufteilung haben wir in unserer Familienkirche mit Bodenbild und Bewegung ausgestaltet.

Das Bodenbild

Ich lege für alle sichtbar ein großes braunes Tuch auf den Boden.

Stellt Euch vor, das ist die Erde. Braune Erde. Eigentlich ist die Erde rund, aber das ist jetzt nicht so wichtig. Auf der Erde gibt es Wasser, dann wachsen die Pflanzen. Tiere gibt es dort, große und kleine. Auch wir Menschen sind auf der Erde.

Ich lege ein blaues Tuch, etwa gleich groß, oberhalb des braunen Tuches.

Über der Erde ist Luft. Der Himmel voller Luft. Blau sieht er aus. Im Himmel voller Luft gibt es keine Pflanzen. Es gibt kaum Tiere, eigentlich nur die Vögel. Menschen sind dort auch nicht (ausgenommen im Flugzeug, aber das gilt nicht!). Im Himmel ist Gott. Natürlich nicht einfach in der Luft oder auf den Wolken. Aber man sagt es so: Gott im Himmel. Dafür stelle ich eine Kerze hin. →

Statements zum Thema „Beten":

„Beten ist für mich ein Anker in der Not."

Jochen, 46

Amen

Die Kerze wird am obersten Rand des blauen Tuches hingestellt.

Es gibt ein Gebet von Jesus, das Himmel und Erde in einem großen Kreis verbindet. Schaut einmal!

Ein langes Seil (oder auch vier kleine Seile) wird in einem großen Kreis über beide Tücher gelegt. Anfang und Ende sind bei der Kerze.

Ganz oben geht es los, bei Gott im Himmel. Jesus nennt ihn „Unser Vater im Himmel". Dann kommt Gottes Name und sein Reich, die vom Himmel ausgehen und zur Erde kommen wollen.

Zu jedem Satz wird die entsprechende Bitte des VaterUnser auf den Kreis gelegt.

Wenn von Gottes Wille gesprochen wird, dann ist die Grenze von blauem zu braunem Tuch erreicht. Da berühren sich Himmel und Erde im Gebet. Jetzt kommen die Dinge der Erde. Wir können nicht leben ohne Brot (und Wasser und Kleidung und …) Wir bitten Gott um das alles. Am tiefen Punkt der Erde ist unsere Schuld. Wenn wir Schuld verzeihen können, geht es wieder aufwärts zum Himmel. Wir bitten Gott, dass uns nichts aufhält auf dem Weg zum Himmel. Keine Versuchung und kein Böses. Wenn das Gebet beim Himmel angekommen ist, dann ist die Freude groß. Wir loben Gott für sein Reich, seine Kraft, seine Herrlichkeit. Unser Gebet kommt an in der Ewigkeit, bei Gott im Himmel. Wir sagen AMEN.

Der gesamte VaterUnser-Text liegt jetzt im Kreis aus. Das Wort „Amen" wird in die Mitte gelegt.

Die Bewegung

Das Bodenbild vor Augen sprechen wir gemeinsam sehr langsam das VaterUnser.

Dabei halten wir am Anfang („im Himmel") beide Hände ganz nach oben gestreckt. Langsam beginnt man mit beiden Armen jeweils einen Kreis zu schlagen, und zwar so, dass die Hände jeweils nach außen gehen. Wenn der Text bei „wie im Himmel, so auf Erden" angekommen ist, sollten beide Arme in waagerechter Haltung sein. Die Bewegung bleibt aber nicht stehen, sondern läuft weiter, bis wir bei „vergib uns unsere Schuld" beide Arme nach unten halten. Auch hier geht die Bewegung weiter, die Arme überkreuzen sich („führe uns nicht in Versuchung") und sie reißen wieder auf bei der „Erlösung von dem Bösen". Beim Lobpreis haben wir die Hände schon über dem Kopf und am Ende stehen wir mit hochgestreckten Armen wie am Anfang. Zum „Amen" legen wir die Hände auf unsere Brust und verneigen uns. Letztlich können wir das VaterUnser dann auch ohne laute Worte nur durch die Bewegung beten. Jede/r kann dabei ein eigenes Tempo haben.

Die Bewegung verleiht dem Gebet eine besondere Eindrücklichkeit. Sie soll fließend, langsam gleitend sein und nicht zu schnell sein. Man braucht nicht über den Ablauf nachzudenken, anders als bei vielen anderen Gebeten mit Gesten. Man kann sich ganz den gesprochenen oder auch den gedachten Worten hingeben.

Vieles bleibt geheimnisvoll und deutungsoffen beim VaterUnser. Manche sachliche Erklärung zerstört mehr als dass sie klärt. Seinen „Zauber" entfaltet das Gebet dadurch, dass man es betet, wieder und wieder, allein oder mit vielen, laut oder leise. Und manchmal mit dem Gedanken und der Bewegung des Kreises zwischen Himmel und Erde.

Jochem Westhof ist leidenschaftlicher Geschichtenerzähler, besonders für die Geschichten aus der Bibel. Er hat viele Jahre als Referent für Kindergottesdienst in der Nordkirche gearbeitet.

Gebete um Beistand

Herr meiner Stunden und meiner Jahre,
du hast mir viel Zeit gegeben.
Sie liegt hinter mir und sie liegt vor mir.
Sie war mein und wird mein,
und ich habe sie von dir. Ich danke dir für jeden Schlag der Uhr
und für jeden Morgen, den ich sehe.
Ich bitte dich, dass ich ein wenig dieser Zeit
freihalten darf von Befehl und Pflicht,
ein wenig für die Stille, ein wenig für Spiel,
ein wenig für die Menschen am Rande meines Lebens,
die einen Tröster brauchen.

Martin Luther

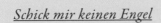

Schick mir keinen Engel

Gott, schick mir keinen Engel,
der alle Dunkelheit bannt,
aber einen,
der mir ein Licht anzündet.
Schick mir keinen Engel,
der alle Antworten kennt,
aber einen,
der mit mir die Fragen aushält.
Schick mir keinen Engel,
der allen Schmerz wegzaubert,
aber einen,
der mit mir Leiden aushält.
Schick mir keinen Engel,
der mich über die Schwelle trägt,
aber einen,
der in dunkler Stunde noch flüstert:
Fürchte dich nicht.

Elisabeth Bernet

„Es sind schlimme Zeiten, mein Gott. Heute Nacht geschah es zum ersten Mal, daß ich mit brennenden Augen schlaflos im Dunkeln lag und viele Bilder menschlichen Leidens an mir vorbeizogen. Ich verspreche dir etwas, Gott, nur eine Kleinigkeit: Ich will meine Sorgen um die Zukunft nicht als beschwerende Gewichte an den jeweiligen Tag hängen, aber dazu braucht man eine gewisse Übung. Jeder Tag ist für sich selbst genug. Ich will dir helfen, Gott, daß du mich nicht verlässt, aber ich kann mich von vornherein für nichts verbürgen. Nur dies eine wird mir immer deutlicher: daß du uns nicht helfen kannst, sondern daß wir dir helfen müssen, und dadurch helfen wir uns letzten Endes selbst. Es ist das einzige, auf das es ankommt: ein Stück von dir in uns selbst zu retten, Gott. Und vielleicht können wir mithelfen, dich in den gequälten Herzen der anderen Menschen auferstehen zu lassen [...]. Und mit fast jedem Herzschlag wird mir klarer, daß du uns nicht helfen kannst, sondern daß wir dir helfen müssen und deinen Wohnsitz in unserem Inneren bis zum Letzten verteidigen müssen. Es gibt Leute, es gibt sie tatsächlich, die im letzten Augenblick ihre Staubsauger und ihr silbernes Besteck in Sicherheit bringen, statt dich zu bewahren, mein Gott. Und es gibt Menschen, die nur ihren Körper retten wollen, der ja doch nichts anderes mehr ist als eine Behausung für tausend Ängste und Verbitterung. Und sie sagen: Mich sollen sie nicht in ihre Klauen bekommen. Und sie vergessen, daß man in niemandes Klauen ist, wenn man in deinen Armen ist."

Das denkende Herz. Die Tagebücher von Etty Hillesum 1941–1943.
Rowohlt, Reinbek bei Hamburg 1988

Mehr als eine Einladung zum Gebet: *Offene Kirchen*

Christine Ursel

Schön, dass immer mehr Gotteshäuser sich „auf-machen"

... und sich für Menschen am Weg öffnen – auch jenseits von Gottesdienst- und Veranstaltungszeiten. Aber Kirchen einfach aufzusperren, macht noch keine „offene Kirche". Da geht es nicht nur um organisatorische und versicherungstechnische Fragen. Es ist eine inhaltliche Entscheidung, die Konsequenzen hat und das Selbstverständnis ausdrückt und die Anliegen der jeweiligen Gemeinde zeigt, z.B.

- eine Herberge zu sein für das „wandernde Gottesvolk", ein Rastplatz für die Seele
- die Schätze der Kirche zugänglich zu machen für die, die „mal so" vorbei kommen – auch die an den „Hecken und Zäunen",
- einzuladen, Kunst und Kultur niedrigschwellig zu entdecken,
- zu teilen, was wir lieben.

Offene Kirchen sind Zeugnis einer „Willkommenskultur". Dazu braucht es den Blick auf die Menschen und das, was Menschen brauchen. Die Bedürfnisse sind unterschiedlich, oft aber einfach elementar.

Wie erlösend kann es sein, an einer Autobahnkirche eine gepflegte Toilette zu finden – auch ein Sinnbild dafür, dass ich hier Bedrängendes loslassen und Erleichterung finden kann.

Wie wohltuend kann es sein, mich von draußen und von manch witterungsbedingtem Ungemach nach drinnen retten und in den kirchlichen „Gemächern" Schutz und Geborgenheit finden zu können – auch in persönlich „unbehausten" Zeiten. Pilgernde finden Rast und Einkehr.

Wie erhabend kann es sein, im Urlaub mal etwas zu tun, was man sonst nicht tun würde. Mal in einer Kirche über das Übliche und die Niederungen des Alltags hinauszublicken – eine Einladung zum Staunen, auf das zu schauen, was wertvoll ist, auf das zu blicken, was wirklich wichtig ist.

Wie praktisch kann es sein, wenn ich kostenfreies WLAN in der Kirche habe (godspot), gleich einen Zugang zu Informationen zum Ort bekomme und es sichtbare Steckdosen gibt, meinen Handy-Akku aufzuladen unter dem Motto: „Hier laden Sie auf ...". Oder bei einer Radwegekirche finde ich eine Luftpumpe mit dem Satz „Damit Ihnen nicht die Luft ausgeht ...".

Wie anregend kann es sein, eine Lesehilfe für den Raum und seine Schätze zu finden – eine Brille, den Raum zu sehen in Form von Hinweisen mit einfachen Worten, evtl. in Leichter Sprache.

Wie berührend kann es sein, Raum zu finden für mich und Gelegenheit zu bekommen, meinen persönlichen Anliegen Ausdruck zu verleihen – ohne Zwang und Erwartung, aber mit einladender Gestaltung und Anleitung.

Wie schön kann es sein, etwas mitnehmen zu können aus diesem Moment, wieder hinaus in den Alltag, ins Getriebe – eine Erinnerung, die mich begleitet, eine Anregung, einen Impuls, der mich antreibt.

Be-sucher sind Suchende. Touristen, Kunstinteressierte, Pilger und Stillesuchende möchten etwas finden und mitnehmen – sie wollen anders hinausgehen, als sie herein gekommen sind. Damit sind nicht nur Informationen zu Geschichte, Architektur und Ausstattung der Kirche gemeint oder Postkarten mit Kirchenmotiven. Auch prägnante Informationen z.B. zu Kasualien bieten biografische Andockpunkte, Veranstaltungsflyer und Gemeindebriefe geben Orientierung. Es geht aber noch um mehr und es geht weiter …

Kirchen laden immer auch ein zum Gebet. Sie sind Orte, die „durchbetet" sind. Ich kann mich da einfach bergen in die Gebete, die andere vor mir gesprochen haben. Offene Kirchen sind Orte, die zu einem performativen Probehandeln einladen, wie es wäre, wenn ich beten könnte, aber keine Ahnung habe, wie das geht. Bewusst gesetzte Impulse sind da eine kleine Hilfestellung, Handreichung und Anleitung: ein Leuchter, an dem ich ein Licht anzünden kann, kleine Texte oder Bilder, eine Gebetswand, eine Klagemauer, ein Fürbittenbuch. Ein Ort in der Kirche könnte besonders einladend gestaltet sein: Vielleicht nahe am Eingang, damit ich gleich sehe, wo ich ankommen kann. Ein Ort der Besinnung, der Meditation des Gebets. Vielleicht ist es aber auch eine Seitenkapelle oder ein Bereich im Chorraum?

Erprobtes Material erleichtert. Es gibt inzwischen zunehmend mehr Materialien und geistliche Impulse für offene Kirchen. Klein und fein wirkt mehr als großspurige und -formatige Selbstdarstellung oder ein umfangreiches Traktat. Die Erfahrung zeigt: Am meisten werden wertig gestaltete Kärtchen mitgenommen im Scheckkartenformat. Gerne mit einem aussagekräftigen Bild, Foto und nur wenig Text, dafür grafisch ansprechend gestaltet. Da zu investieren, ist eine „Visitenkarte" für die Kirche – eine Erinnerung und Einladung für einen neuen Besuch …

Mehr zu Offenen Kirchen:

https://www.**kirche-im-urlaub**.de/kirche-als-partnerin/offene_kirchen.html
http://**offene-kirchen-bayern**.de
http://www.**gemeindedienst-ekm**.de/service-kontakt/offene_kirchen
https://www.**evlks**.de/wir/kirche-und-tourismus/offene-kirchen
http://www.**kirchenlandkarte**.de/
https://www.**nordkirche**.de/dazugehoeren/auf-reisen/offene-kirchen
http://www.**kirchliche-dienste**.de/arbeitsfelder/offene-kirchen
https://www.**zentrum-verkuendigung**.de/unsere-themenbereiche/gottesdienst-und-mehr/offene-kirchen.html
http://www.**ekkw**.de/service/gemeindeentwicklung/6220.htm
http://www.**kirche-geoeffnet**.de

Materialien:

Eine große Auswahl an Materialien für Offene Kirchen wird angeboten vom **Gottesdienstinstitut Nürnberg** (z. B. Kärtchen mit passenden Andachten):
https://shop.gottesdienstinstitut.org/materialien-fuer-die-offene-kirche.html
http://offene-kirchen-bayern.de/materialien-fuer-den-offenen-kirchenraum

Bei der Akademie der Versicherer im Raum der Kirchen, Kölnische Str. 108–112, 34119 Kassel, Mail: die.akademie@vrk.de kann die **Broschüre „Gebete und Lieder für unterwegs"** kostenlos bezogen werden.

Im Haus der Kirchlichen Dienste in Hannover gibt es viel **Hilfreiches rund um Offene Kirchen**:
https://www.hkd-material.de/themen/offene-kirchen

Auch Verlage reagieren auf die Entwicklung:

Ein 16-seitiges **Heft „Einkehr in der offenen Kirche"** mit Gebeten aus verschiedenen Anlässen und einigen Bibeltexten :
http://www.wortimbild.de/shop/Hefte/Heft-Einkehr-in-der-Offenen-Kirche.html

Im Gemeindedienst der Evangelischen Kirche Mitteldeutschlands gibt es **Anregungen**, die auch Mitarbeitende in Offenen Kirchen in den Blick nehmen:
http://www.gemeindedienst-ekm.de/service-kontakt/offene_kirchen/material/impulse_offene_kirchen

Christine Ursel ist Fortbildungsreferentin beim Diakonischen Werk Bayern – Diakonie.Kolleg und Mitglied der Redaktion der PGP.

Du bist einmalig
Ein Gottesdienst für Kleine

Anne Ebers

1. Konzeptionelle Einbindung

Einen profilierten Gottesdienst für Familien mit kleinen Kindern anzubieten, hat bei uns im Kirchspiel eine lange Tradition. Seit 2005 gibt es bei uns „Krabbelgottesdienste" bzw. nun den „Gottesdienst für Kleine". Entstanden sind die Gottesdienste für Kleine aus den Eltern-Kleinkind-Kreisen, welche sich vormittags treffen. Drei Eltern-Kleinkind-Kreise im Kirchspiel bieten den Eltern mit kleinen Kindern die Möglichkeit, Anbindung an die Gemeinde zu finden und Gleichgesinnte zu treffen. Im Mittelpunkt stehen das Kennenlernen und der Austausch. Für religionspädagogische Angebote scheinen die Eltern-Kleinkind-Kreise aber ein schwieriger Rahmen zu sein. Es gibt sehr unterschiedliche Erwartungen an den gemeinsamen Vormittag. Zudem beobachte ich seit längerer Zeit, dass die Eltern nur noch kurz (ca. 6–8 Monate) in der Gruppe verweilen und die Kinder damit sehr jung sind. Was kommt also danach? Der Gottesdienst für Kleine schließt die Lücke zwischen Eltern-Kleinkind-Kreis und Angeboten für Kinder ab 4 Jahren wie z.B. Vorkurrende oder Christenlehre für Kleine.

2. Ablauf des Gottesdienstes

Mit den „Gottesdiensten für Kleine" feiern wir einen gemeinsamen Gottesdienst von Eltern und Kindern, der sich besonders an den Bedürfnissen jüngerer Kinder orientiert. Die Gottesdienste dauern ca. 30 Minuten, haben eine feste Liturgie, nur die Geschichte und ein Lied zur Geschichte ändern sich. Im Anschluss an die Gottesdienste laden wir zu einem gemeinsamen Kaffeetrinken ein. Die für die Gottesdienste gewählte Kirche hat optimale räumliche Bedingungen, da sich direkt an den Kirchraum ein beheizbarer Gemeinderaum anschließt. Für die Kinder gibt es parallel zum Kaffeetrinken ein Kreativangebot, welches sich am jeweiligen Thema orientiert.

Ankommen	Glockenläuten
	Begrüßung
	Begrüßungslied „Gott ist mitten unter uns"
	Altartisch decken mit den Kindern
	Kerze anzünden „Die Kerzen brennt, ein kleines Licht …"
Hören/Entdecken	Symbol aus der (Holz-)Bibel entdecken
	Geschichte/Anspiel/Aktion
Antworten	Lied zur Geschichte
	Gebet + Vaterunser
	Kollekte + Lied „Gottes Liebe ist so wunderbar"
Verabschieden	Segen mit Bewegung
	Einladung zum gemeinsamen Kaffeetrinken

Praxisbeispiel „Du bist einmalig"

Ablauf:

Glockenläuten

Begrüßung

Begrüßungslied „Gott ist mitten unter uns"

Altartisch decken mit den Kindern
Ein Kind legt ein Tuch in der liturgischen Farbe auf einen kleinen Tisch. Ein weiteres Kind legt das Bibelbuch (Holzbuch zum Aufklappen, darin befindet sich ein kleiner Gegenstand) auf den Tisch. Ein Kind stellt das Kreuz auf den Tisch. Nun sind die Blumen dran. Zum Schluss stellt ein Kind die Kerze dazu.

Kerze anzünden
„Die Kerze brennt, ein kleines Licht, wir staunen und hören, fürchte dich nicht. Erzählen und singen, wie alles begann. In Gottes Namen fangen wir an."[1]

Symbol aus der (Holz-)Bibel entdecken
In der Holzbibel ist ein kleiner Spiegel. Ein Kind holt ihn vorsichtig raus und zeigt ihn den anderen. Ich frage: „Aha, was ist das denn? Worum könnte es denn heute gehen? Schau mal da rein! Ah, es geht um dich. Und um dich und um dich, es geht um alle Kinder, die heute da sind!"

Geschichte/Anspiel/Aktion
„Am 1. Juni feiern wir Kindertag. Dieser Tag soll vor allem die Erwachsenen daran erinnern, wie wunderbar es ist, dass es euch gibt. Gott hat jeden von euch einmalig geschaffen. Jeden von euch hat Gott sich ausgedacht. Und daran erinnern wir uns nicht nur einmal im Jahr, sondern immer." Jedes Kind bekommt nun einen Spiegel in die Hand. „Schaut mal in den Spiegel. Schaut mal eure Augen an. Habt ihr schon mal gesehen, welche Augenfarbe ihr habt? Sind es ganz dunkle, braune Augen oder blaue? Oder noch ganz andere? Ich frag mich, was das für ein Ding ist im Gesicht? Das brauchen wir zum Riechen! Was ist das? Hat jeder von euch eine Nase? Schaut sie euch mal an! Und unter der Nase? Was ist da? Ahh, der Mund, die Lippen. Schaut euch mal eure Zähne an." Die Kinder entdecken ihr Gesicht, vielleicht auch das Gesicht der Mama oder einer Freundin.

„In der Bibel gibt es eine wunderbare Geschichte über Kinder: Jesus war mit seinen Freunden unterwegs. Oft waren da viele Menschen, die zu Jesus wollten. Einmal kamen Mütter, die ihre Kinder zu Jesus bringen wollen, damit er sie segnet. Die Freunde von Jesus aber sagen: Nein, geht weg mit den Kindern. Sie sind zu klein. Wir lassen euch nicht durch. Als Jesus das hörte, da sagte er: Hört auf damit. Lasst die Kinder zu mir kommen. Die Kinder gehören auch zu Gott. Sie sind dem Himmelreich viel näher als ihr. Ihr solltet von ihnen lernen. Und dann segnete Jesus die Kinder." Anschließend geht es über zu einer Segensaktion mit Schwungtuch. „Jedes Kind ist einmalig, jedes Kind ist gesegnet. Manchmal kann man sich das schwer vorstellen." Ein großes Schwungtuch kommt in die Mitte. Alle stehen auf und halten das Tuch. Alle schwingen das Tuch und begleitet von dem folgenden Lied gehen erst die Jungen, dann die Mädchen (bei wenig Kindern kann man auch jedes Kind einzeln „segnen") unter das Schwungtuch, während es von den anderen weiter geschwungen wird. Manchmal wollen die Kinder dann auch die Mamas und die Papas unter dem Schwungtuch segnen.

Lied: Du hast die [Name] so schön gemacht, du hast dabei an uns gedacht. Danke, danke, danke sagen wir. Gott wir danken dir.[2]

Gebet + Vaterunser
*Wunderbar bin ich gemacht, Gott du hast mich ausgedacht! Meine Zunge kann gut schmecken, Bonbons lutschen und Eis schlecken
und die Nase riecht daran. Danke Gott, dass ich das kann. Meine Ohren können hören, auch Geräusche, die mich stören,
und die Augen staunen dann, danke Gott, dass ich das kann. Meine Hände können fassen und berühren Teller, Tassen und die Hände teilen dann. Danke Gott, dass ich das kann. Wunderbar bin ich gemacht, Gott du hast mich ausgedacht!*[3]
Gemeinsam beten wir: Vater unser im Himmel ....

Kollekte + Lied „Gottes Liebe ist so wunderbar"
Segen mit Bewegung
Alle stehen auf: „Gott du bist innen" (Hände vor der Brust verschränken) „und du bist außen" (Hände weit ausbreiten) „und um mich rundherum" (einmal um sich selbst drehen). „Du gibst meinen Füßen festen Stand (einmal fest auftreten) – „dein Segen hält uns geborgen in deiner Hand" (alle fassen sich an den Händen).

Einladung zum gemeinsamen Kaffeetrinken
Als kreatives Angebot können die Kinder nun die Holzspiegel mit Stiften, bunten Steinen usw. gestalten.

Anmerkungen:

1 Schlaudt, Bernd (2007): **Lied**, in: Ebert, Andreas (Hrsg.): Das Kindergesangbuch, München, 50.

2 Führer, Caritas (2010): **Mit kleinen Kindern Gott begegnen**, Witten, 527.

3 Grosche, Erwin (1999): **Du machst mich froh**. Das große Buch der Kindergebete, Stuttgart, 56.

Anne Ebers ist Gemeindepädagogin im Ev.-Luth. Kirchspiel Dresden-Neustadt und Mitarbeiterin für Elementarpädagogik im Kirchenbezirk Dresden Nord.

IMPRESSUM

PRAXIS GEMEINDEPÄDAGOGIK (PGP)

ehemals »Christenlehre/Religionsunterricht–PRAXIS«
ehemals »Die Christenlehre«

71. Jahrgang 2018, Heft 2

Herausgeber:
Amt für kirchliche Dienste in der Evangelischen Kirche
Berlin-Brandenburg-schlesische Oberlausitz
Pädagogisch-Theologisches Institut der Nordkirche
Theologisch-Pädagogisches Institut der
Evangelisch-Lutherischen Landeskirche Sachsens
Pädagogisch-Theologisches Institut der Evangelischen Kirche in
Mitteldeutschland und der Evangelischen Landeskirche Anhalts

Anschrift der Redaktion:
Dr. Lars Charbonnier, c/o Evangelische Verlagsanstalt GmbH,
»PGP-Redaktion«, Blumenstraße 76, 04155 Leipzig,
E-Mail ‹redaktion@praxis-gemeindepaedagogik.de›

Redaktionskreis:
Dr. Lars Charbonnier, Führungsakademie für Kirche und Diakonie,
Haus der EKD, Charlottenstraße 53/54,10117 Berlin
Uwe Hahn, Ev.-Luth. Kirchenbezirk Leipzig, Dienststelle des
Bezirkskatecheten, Burgstraße 1–5, 04109 Leipzig
Petra Müller, Fachstelle Alter der Ev.-Luth. Kirche
in Norddeutschland, Gartenstraße 20, 24103 Kiel
Dorothee Schneider, PTI der Ev. Kirche in Mitteldeutschland und der
Landeskirche Anhalts, Zinzendorfplatz 3, 99192 Neudietendorf
Jeremias Treu, Amt für kirchliche Dienste in der Ev. Kirche Berlin-
Brandenburg-schlesische Oberlausitz, Goethestraße 26–30, 10625 Berlin
Christine Ursel, Diakonisches Werk Bayern – Diakonie.Kolleg.,
Pirckheimerstraße 6, 90408 Nürnberg
Redaktionsassistenz: Sina Dietl, Evangelische Verlagsanstalt GmbH

Verlag: EVANGELISCHE VERLAGSANSTALT GmbH,
Blumenstraße 76, 04155 Leipzig, www.eva-leipzig.de
Geschäftsführung: Sebastian Knöfel

Gestaltung/Satz: Kai-Michael Gustmann,
Evangelisches Medienhaus GmbH

Druck: Druckerei Böhlau, Ranftsche Gasse 14, 04103 Leipzig

Anzeigen: Rainer Ott · Media | Buch- und Werbeservice,
PF 1224, 76758 Rülzheim, Tel. (0 72 72) 91 93 19,
Fax (0 72 72) 91 93 20, E-Mail ‹ott@ottmedia.com›
Es gilt die Anzeigenpreisliste Nr. 11 vom 1.1.2012

Abo-Service: Christine Herrmann, Evangelisches Medienhaus GmbH, Telefon (03 41) 7 11 41 22, Fax (03 41) 7 11 41 50,
E-Mail ‹herrmann@emh-leipzig.de›

Zahlung mit Bankeinzug: Ein erteiltes Lastschriftmandat (früher
Einzugsermächtigung genannt) bewirkt, dass der fällige Abo-Beitrag
jeweils im ersten Monat des Berechnungszeitraums, in der letzten
Woche, von Ihrem Bankkonto abgebucht wird. Deshalb bitte jede Ände-
rung Ihrer Bankverbindung dem Abo-Service mitteilen. Die Gläubiger-
Identifikationsnummer im Abbuchungstext auf dem Kontoauszug zeigt,
wer abbucht – hier das Evangelische Medienhaus GmbH als
Abo-Service der PRAXIS GEMEINDEPÄDAGOGIK.
Gläubiger-Identifikationsnummer: DE03EMH00000022516

Bezugsbedingungen: Erscheinungsweise viermal jährlich, jeweils
im ersten Monat des Quartals. Das Jahresabonnement umfasst die
Lieferung von vier Heften sowie den Zugriff für den Download der
kompletten Hefte ab 01/2005. Das Abonnement verlängert sich um
ein Kalenderjahr, wenn bis 1. Dezember des Vorjahres keine
Abbestellung vorliegt.

 Bitte Abo-Anschrift prüfen und
jede Änderung dem Abo-Service mitteilen.
Die Post sendet Zeitschriften nicht nach.

ISSN 1860-6946
ISBN 978-3-374-05457-2

Preise:
Jahresabonnement* (inkl. Zustellung):
    Privat: Inland € 40,00 (inkl. MwSt.),
           Ausland € 50,00 (exkl. MwSt.);
    Institutionen: Inland € 48,00 (inkl. MwSt.),
           Ausland € 58,00 (exkl. MwSt.);
Rabatte – gegen jährlichen Nachweis:
Studenten 35 Prozent; Vikare 20 Prozent;
Einzelheft (zuzüglich Zustellung): € 14,00 (inkl. MwSt.)
    * Stand 01.01.2018, Preisänderungen vorbehalten

ex voto –
Votivgaben als Ausdruck von Bitte und Dank

Christine Ursel

Votivbilder in der Gnadenkapelle Altötting, Foto: Martin Wimmer

Staunend bleibe ich stehen und bin überwältigt von einer Wand voller Glaubenszeugnisse! Zwei seitliche Gänge im Kirchenraum, die über und über behängt sind mit Tafeln, Bildern und symbolischen Gegenständen, finden sich. In der Wieskirche, einer bekannten Wallfahrtskirche bei Steingaden in Oberbayern. Aber auch in vielen anderen Kirchen gibt es – manchmal etwas versteckt, manchmal in extra Umgängen – solche Wände. Was da hängt, ist Ausdruck gelebten Lebens und Glaubens. Wir werden mit hineingenommen in oft dramatische Lebensereignisse, Krankheiten, Unfälle, Unglücke. Darin hat sich der Glaube bewährt.

Votivgaben nennt man diese Dokumente und Artefakte einer besonderen Situation im Licht des Glaubens. Wikipedia erläutert: Votivgaben oder Votive (von mittellateinisch vovere, ‚geloben‘) sind Gegenstände, die aufgrund eines Gelübdes als symbolische Opfer einer überirdischen Macht öffentlich dargebracht werden. Dies geschieht insbesondere für die erfolgte oder gewünschte Rettung aus einer Notlage und häufig an einer kultischen Stätte. In der katholischen Kirche waren besonders im Barock Votivbilder (Votivtafeln) verbreitet, welche eine Notsituation darstellten, und mit dem schriftlichen Hinweis ex voto (lat. ‚wegen eines Gelübdes‘, von votum, ‚Gelübde‘) versehen waren.

Schon die Kulturen der Vorgeschichte und des Altertums kannten den Brauch, heilige Stätten mit Votivopfern zu bedenken. Ursprünglich stellten sie Weihgeschenke an Gottheiten dar, die sowohl Bitt- als auch Dankopfer sein konnten.

In solchen Votivgaben kann man richtig „lesen": die Lebenssituation, das spezielle Ereignis, die bedrohliche Situation … Da lässt sich manches erahnen an Dramatik, Zuspitzung, Schmerz und existenzieller Not. Und die wundersame Hilfe, die Lösung des Problems, die Rettung in größter Gefahr wird anschaulich dargestellt. Gemeinsam ist ihnen allen ein Bekenntnis zur Ursache dieser Verwandlung: Maria, Gott, Jesus, ein Heiliger – sie haben geholfen.

Solche Sammlung von Votivgaben zieht Menschen an. Deshalb finden sich diese häufig in Wallfahrtskirchen. Sie geben Zeugnis eines Glaubens, der Berge versetzen und Unmögliches möglich machen kann. Sie sind Sinnbilder der Hoffnung, dass der Glaube trägt, auch und gerade in Bewährungssituationen. Das Eintauchen in eine Votivwand geschieht weniger aus Voyeurismus, sondern eher aus der Sehnsucht heraus, das Wirken Gottes erkennen und spüren zu wollen. Zu merken, ich bin mit meiner Not und mit meiner Hoffnung nicht allein.

In die Wieskirche mit dem Tränenwunder des gegeißelten Heilands, einer kleinen unscheinbaren Holzfigur, scheinen die Votivgaben besonders gut zu passen. In dieser Kirche haben die Tränen eine Heimat: Die Tränen der Verzweiflung, des Schmerzes und die Tränen der Freude, Dankbarkeit und Erleichterung. Davon sprechen diese Gaben in eindrücklicher Weise.

Auch wenn uns solche Zusammenhänge von Not, Gelübde und Rettung eher magisch und unzeitgemäß vorkommen – mit einem Bild Gottes, der sich auf Verhandlungen und Deals einlässt: Diese Erfahrungen gibt es tatsächlich. Vielleicht auch im eigenen Leben, nur eben oft nicht so pointiert und exponiert. Es wäre interessant zu überlegen, was an einer **Votivwand des eigenen Lebens** hängen würde. Manches Stoßgebet in brenzliger Situation, manche Bewahrung in akuter Gefahr hätte da seinen guten Platz. Vielleicht auch manches Wunder, etwas, was mir im Leben trotz allem geschenkt wurde. Anlass zum Danken wäre das auf jeden Fall und auch eine Einladung, mit anderen darüber ins Gespräch zu kommen …

Christine Ursel ist Fortbildungs-referentin beim Diakonischen Werk Bayern – Diakonie.Kolleg und Mitglied der Redaktion der PGP.

Buchtipps für die gemeindliche Praxis

Petra Müller

Die Lektorin und Autorin **Marlene Fritsch** hat das wunderbare Buch **„Lieber Gott, bleib du bei mir und segne auch mein Kuscheltier"** herausgegeben. Es beinhaltet Morgen- und Abendgebete für Kinder, die sowohl im familiären Alltag als auch in der Arbeit mit Kindern ihren Raum finden können. Da wird z. B. am Morgen um einen Eimer voll Glück gebetet: „Bitte schick mir einen Eimer voll Glück, den Eimer bekommst du am Abend zurück." Die Illustratorin Soheyla Sadr hat dieses Gebet mit einem gelben Eimer mit dicken, bunten Tupfern untermalt, an dessen Henkel ein dickes Schild gebunden ist, auf dem ‚DANKESCHÖN' steht. Die Gebete werden nicht nur Kinder begleiten, sondern auch Erwachsene werden Anstöße zu einer natürlichen, alltäglichen Gebetssprache bekommen – fern von streng liturgischen Formulierungen. Texte und Illustrationen sind sehr anrührend. Wie ich finde: ein sehr gelungenes Buch. Es ist auch ein ideales Geschenk zur Geburt eines Kindes, zur Taufe und zum Kindergartenstart.

Patmos Verlag der Schwabenverlag AG, Ostfildern 2015, 58 Seiten
Hardcover, vierfarbig, ISBN 978-3-8436-0610-3, € 12,99

„Ungehobelt, nicht fein konstruiert, lebendig wie das Leben selbst", so beschreibt der Autor **Stephan Wahl** die Gebete, die er in dem Buch **„Ungehobelte Gebete"** zusammengefasst hat. Wer in die Sammlung hineinschaut, wird diese Beschreibung bestätigen und sich schnell in die Texte vertiefen. Alleine schon die Anlässe, Situationen und Zeiten, die der Autor für seine ungehobelten Gebete aufgreift, sind ungewöhnlich für diese Art von Büchern, die uns formulierte Gebete zur Seite stellen. Aber schon Teresa von Avila betete zwischen den Kochtöpfen zum „Herrn der Töpfe und Pfannen". Beten heißt, spontan den jeweiligen Alltag, die jeweilige Situation vor Gott zu bringen. Nichts ist dafür zu trivial. Für diese Gebete gibt es keine Vorlagen, sie kommen aus dem Herzen und werden formuliert, wie einem der „Schnabel gewachsen ist". Die in diesem Band zusammengefassten Gebete wollen dazu anregen, zu einem Beten ohne Formeln zu kommen, sich vom Nachsprechen und Ablesen zu lösen, um frei zu werden, „ungehobelt" zu beten und die eigenen Worte in den Himmel zu werfen.

echter Verlag, Würzburg 2016, 104 Seiten
gebunden, ISBN 978-3-429-03970-7, € 12,90

Beten – was soll das sein, wie geht das und wozu das Ganze überhaupt? – diese und viele andere Fragen greift **Stephan Sigg** in dem Buch **„Sinnflut – ein Gebetsworkshop für Jugendliche"** auf. Kreative Impulse laden ein, alternative Arten des Betens auszuprobieren, wie etwa das Emoji-Gebet, ein Smartphone-Foto-Shooting als „Blitzlicht der Woche" oder ein Mixer-Gebet. Das Buch möchte Jugendlichen und Jungen Erwachsenen Lust aufs Beten machen und aufzeigen: Beten ist etwas Kreatives, bei dem es keine Grenzen gibt. Man darf beim Beten so kreativ sein wie ein Graffiti-Sprayer. Nicht nur der Inhalt, auch das Buch ist sehr abwechslungsreich gestaltet, es hat Platz für Fotos und eigene Eintragungen. Jugendliche können sich mit dem Buch eigenständig beschäftigen, es gibt aber auch viele gute Anregungen für die Jugendarbeit und die Arbeit mit Konfirmandinnen und Konfirmanden, auch für Freizeiten und Workshops.

Kösel Verlag , München 2016, 128 Seiten
Softcover, ISBN 978-3-466-37172-3, € 14,99

Wer nach einer Form des Stundengebetes sucht, die alltagstauglich ist, dem sei die monatlich erscheinende Publikation **„Te Deum"** des **Verlags Katholisches Bibelwerk und der Benediktinerabtei Maria Laach** ans Herz gelegt. Dieser ökumenisch ausgerichtete Tagesbegleiter besteht aus den Elementen Morgengebet, Abendgebet, Schriftlesung und Tagesrückblick. Zusätzlich werden am Ende jeder Monatsausgabe einige theologische Fragestellungen aufgegriffen. Das Büchlein basiert auf der Leseordnung der katholischen Kirche und schöpft aus dem wertvollen Reichtum klösterlicher und kirchlicher Tradition beider Konfessionen. Jede Ausgabe ist mit viel Sorgfalt und Liebe aufgemacht – neben aller spirituellen Tiefe auch ein bibliophiles Kleinod. Man muss Te Deum nicht gleich im Vollabonnement (51 Euro) erwerben, sondern kann über eine kürzere oder längere Zeit hineinschnuppern (das Testpaket ist kostenfrei, das Probeabo bestehend aus 3 Ausgaben kostet 11 Euro). Auf der Homepage von Te Deum kommt man zu den jeweiligen Texten des Tages (unter www.maria-laach.de/te-deum-heute).

Infos unter Klosterverlag Maria Laach,
Telefon 02652-59381,
E-Mail: klosterverlag@maria-laach.de.

Leonie Dhiman / Hanna Rettig (Hg.): **Spiritualität und Religion**. Perspektiven für die Soziale Arbeit, Weinheim/Basel: Beltz Juventa 2017, 228 S., pb., ISBN 978-3-7799-3773-9, € 29,95

Der Zusammenhang von Religion und Sozialer Arbeit wird außerhalb der Diakoniewissenschaften selten, aber doch zunehmend diskutiert. Die Herausgeberinnen dieses Bandes knüpfen an diesen sich intensivierenden Diskurs an und tragen Perspektiven aus verschiedenen Religionen zusammen und weisen mit dem Fokus auf Spiritualität gleichzeitig auch über die verfasst-religiösen Kontexte hinaus. Die Autorinnen und Autoren kommen dabei durchaus mehrfach zu Wort und manche Themen der Beiträge muten recht fremd an – warum es jeweils diese und nicht andere in diesen Band geschafft haben, wird nicht in aller Tiefe erläutert.

Deutlich aber wird, dass Spiritualität als „Sinn und Bedeutung suchende Lebenseinstellung" (18) in der Sozialen Arbeit gerade in der Fremdheit des anderen seine wesentliche Anregung erhält. Hier wird eine Wurzel der intensiveren Wahrnehmung des Themas sicherlich erkennbar, geht es doch vor allem um die Fremdheit der anderen, in der Regel eher verfasst religiösen Tradition anderer Kulturräume. Gelungen ist in diesen Zusammenhängen deshalb der religionsplurale Blick auf das Thema: Christliche Perspektiven kommen ebenso zu Wort wie muslimische, buddhistische wie hinduistische oder jüdische. Spiritualität wird so als Komponente Sozialer Arbeit wahrgenommen und in diversen Ausprägungen beschrieben. Es werden Bedeutungen von Spiritualität und Religion für Soziale Arbeit grundlegend eingeführt, empirisch und praktisch betrachtet und Vorschläge für ein Weiterdenken des Zusammenhangs gemacht.

Anregend ist in diesem Band vieles. Einen Beitrag möchte ich herausgreifen, da er eine wesentliche Frage der Diakonie und von Kirche als Arbeitgeber aufgreift, die nicht nur im Umgang mit den Zielgruppen der Sozialen Arbeit relevant ist: die Frage nach einer spezifisch christlichen Kultur auch der Organisation. Carsten Jochum-Bortfeld und Julia Schröder befassen sich in ihrem Beitrag „Wir sind Kirche. Leitbilder diakonischen Handelns und Soziale Arbeit" (152–165) mit den Fragen, die auch im Zusammenhang der neuen Loyalitätsrichtlinie der Diakonie gestellt werden: Wer trägt die christliche Identität? Sie rekurrieren dazu auf die organisationskulturellen Deklinationen für den diakonischen Kontext von Beate Hofmann und stellen selbst am Ende eine sprach- bzw. metaphernfokussierte Betrachtungsweise in den Mittelpunkt, die dazu diesen soll, die Identität im Alltag zu erkunden und auch zu gestalten.

Dieser Beitrag wie auch die anderen zeigen, dass der Diskurs über Religon/Spritiualität – wie auch immer konkret gefüllt – im Kontext Sozialer Arbeit lange nicht rezipiert wurde und dass es deshalb höchste Zeit ist, hier in befruchtende Diskurse auf Augenhöhe einzutreten, denn als Komponente Sozialer Arbeit kann die Bedeutung von Religion/Spiritualität kaum überschätzt werden.

Bernhard Dressler / Andreas Feige / Dietlind Fischer / Dietrich Korsch / Albrecht Schöll: **Innenansichten**. Zum professionellen Umgang mit Religion im Pfarramt, Leipzig: EVA 2017, 352 S., Pb., ISBN 978-3-374-05117-5, € 38,00

Wie gehen Religions-Professionelle mit Religion um? Wie ist es um das religiöse Innenleben derer bestellt, die dafür bezahlt werden, das religiöse Innenleben anderer zu begleiten und anzuregen? Was prägt sie, welche Rahmenbedingungen führen zu welchen Folgen? Diesen spannenden Fragen haben sich Bernhard Dressler, Andreas Feige, Dietlind Fischer, Dietrich Korsch und Albrecht Schöll gestellt und ihre Ergebnisse hier in einem hoch spannenden Buch vorgestellt.

Aufbauend auf der These, dass sich die Berufswahl ‚Pfarramt' heute „hochgradig individualisiert" (15) habe, werden hier Erkenntnisse über diesen Beruf und seine Herausforderungen aufgrund von biografischen Selbstwahrnehmungen erhoben. Auf Basis von qualitativen Interviews sind 26 Fallanalysen mit der Methode der Objektiven Hermeneutik Oevermanns entstanden, die für sich jeweils ein immenses Entdeckungsreservoir bieten und in der Zusammenschau der Autorinnen und Autoren noch einmal mehr spannende Erkenntnisse aufzeigen.

Nach einer kurzen Einleitung, die alle wesentlichen Informationen versammelt und theoretische wie forschungspragmatische Entscheidungen transparent aufzeigt, folgen in einem zweiten Kapitel Kurzfassungen der 26 Fallanalysen. Ein drittes Kapitel dient der vergleichenden Zusammenschau. Im Rahmen dieses dritten Kapitels fokussieren Andreas Feige und Albrecht Schöll auf die Realisierung von Religionskompetenz, Bernhard Dressler auf die Personale Präsenz im Pfarramt, Dietrich Korsch auf den „Beruf: Religion" und die Spannung zwischen Religionsbürokratie und Verkündigung, Dietlind Fischer auf die Geschlechterverhältnisse, woran anschließend noch einmal Dietrich Korsch dann Praktische Perspektiven einträgt. Er schlussfolgert darin u.a., dass sich eine hohe Berufszufriedenheit besonders dann einstellt, wenn sich zugleich ein ausgeprägtes öffentliches Professionsbewusstsein einstellt und es gelingt, einen eigenen Stil im Pfarramt zu entwickeln, „der sich als Konsonanz zwischen der eigenen Frömmigkeit, der von innen heraus empfundenen religiösen Verpflichtung und der kirchlichen Beauftragung darstellt". (242)

Ein viertes Kapitel schließlich veranschaulicht diese in der Zusammenschau analysierten Ergebnisse noch einmal anhand von vier ausführlicher dargestellten Portraits. Deutlich wird so in der Tat der hohe Grad an individueller Füllung des Berufsverständnisses und zugleich die Vielzahl an Möglichkeiten, mit seinen spezifischen Herausforderungen umzugehen – und das lässt sich mit Sicherheit auch auf andere Berufsgruppen im Rahmen der verkündigenden Dienste übertragen.

➜

Vorschau 3/2018

• Wie viel Freizeit braucht der Mensch?
• Freizeit Stadt und Land: Jugendarbeit
• Praxis: Kirchenübernachtung

Peter Zimmerling (Hg.): **Handbuch Evangelische Spiritualität**. Band 2: Theologie, Göttingen: Vandenhoeck&Ruprecht
2018, 729 S., gebunden, ISBN 978-3-525-56720-3, € 45,00

Spiritualität boomt, auch innerhalb der
evangelischen Kirchenmitglieder. Selbst
wer dieser Intensität nicht zustimmen
mag, kommt nicht umhin, die religions-
soziologischen Befunde unserer Zeit da-
hingehend ernst zu nehmen, dass sich
in den relevanten Glaubensinhalten
und tatsächlich praktizierten Frömmig-
keitspraxen immer mehr neue oder auch
wieder entdeckte spirituelle Traditionen
des Christentums wie anderer Religio-
nen und Weltanschauungen vermehrt finden – selbst wenn
sie inhaltlich eigentlich nicht immer miteinander konsistent
vermittelbar sind. Was allerdings nach wie vor in umfassen-
der Weise fehlt, ist eine auch evangelisch-theologisch fundierte Auseinandersetzung und systematische Darstellung
dieser Phänomene.

Dieser Aufgabe hat sich Peter Zimmerling gestellt. Der
Leipziger Praktische Theologe hat in seinem auf drei Bände
angelegten Projekt „Handbuch Evangelische Spiritualität"
jüngst den zweiten Band vorgelegt, in dem die „Theologie"
als Schwerpunktperspektive dient. Nach dem ersten, kir-
chengeschichtlich orientierten Band und vor dem dritten,
an Praxisformen orientierten Band, steht nun die theologische Verortung.

Der Band beginnt mit einer ausführlichen Einleitung
durch den Herausgeber Zimmerling selbst, in der er seine
Sicht der Theologie der Evangelischen Spiritualität dar-
legt und trinitätstheologisch konzipiert. Sein Diskursraum
dazu ist so konsistent wie limitiert: Deutlich wird zwar seine Kenntnis aktueller Diskurse, diese werden aber wenig
rezipiert und als für die eigene theologische Theoriebildung
konstruktiv sinnvoll verwertet.

Diesen einleitenden Reflexionen schließen sich drei, der
Trinitätstheologie folgende Teile an, die eine Vielzahl von
Themen aus der Feder verschiedener interessanter Autorinnen und Autoren enthalten. Der erste Artikel: Von der
Schöpfung, umfasst Beiträge zur Ökologie, zur Nachhaltig-
keit, zum Verhältnis von Naturwissenschaft und Spiritualität, von Ehe und Spiritualität, zur Spiritualität von Frauen
und Männern, zur Gesundheit und Psychologie, Therapiesze-
ne in der Postmoderne, zu Gefühlen und dem Verhältnis zur
Musik, zu Volksfrömmigkeit am Beispiel von Advents- und
Weihnachtsfrömmigkeit und zum Verhältnis von Spiritualität und Bildung.

Ebenso illuster sind die Beiträge im zweiten Teil: Der
zweite Artikel: Von der Erlösung. Spiritualität im Geiste
Jesu Christi erläutert hier etwa Wolf Krötke. Neutestament-
liche wie alttestamentliche Bezüge werden untersucht, Gnade und Umkehr als Grundmotive ausbuchstabiert. Im dritten Teil – dem dritten Artikel: Von der Heiligung – sind die
meisten Beiträge versammelt: Der Reigen beginnt mit Ausführungen zur Bedeutung des Heiligen Geistes. Betrachtet werden dann das Verhältnis Evangelischer Spiritualität
zum Gottesdienst, zum Sakrament, zum ordinierten Amt,
zur Heiligung, zum Alltag, zur Diakonie, zur Prophetie, zur
Ökumene, zum interreligiösen Dialog, zum Säkularismus
oder Atheismus und schließlich zur Mystik. Auch werden
Grundsatzfragen thematisiert: Evangelische Spiritualität

als Existenz aus der Gewissheit des ewigen Lebens, Die Unterscheidung der Geister und Spiritualität zwischen Wirklichkeit und Anspruch.

Die Beiträge sind von unterschiedlicher Qualität und auch
nicht immer einheitlich im theologischen Zugriff auf die Themen. Die Auswahl der Themen ist spannend, zugleich aber
auch etwas fragwürdig, wie bereits angedeutet. So vermisse
ich z.B. eine Auseinandersetzung mit den religionstheore-
tischen Diskursen. Auch grundsätzlichere Reflexionen biblischer Spiritualität sind nicht prominent situiert, ebenso
wie Phänomene, die heute Ansatzpunkte von Spiritualität
darstellen, wie etwa Begegnung und Beziehung oder Sinner-
fahrung. Dennoch ist die thematische Vielfalt beeindruckend
und als Zusammenstellung in dieser Weise nicht nur ein
Novum, sondern auch eine Bereicherung eines Diskurses,
der gerade auch theologisch deutlich mehr seriöse Aufmerksamkeit verdient.

Emilia Handke: **Religiöse Jugendfeiern »zwischen Kirche
und anderer Welt«**. Eine historische, systematische und empirische Studie über kirchlich (mit)verantwortete Alternativen
zur Jugendweihe, Arbeiten zur Praktischen Theologie 65, Leipzig: EVA 2016, 512 S., hc, ISBN 978-3-374-04762-8, € 68,00

Emilia Handke legt hier ihre 2016 an der
Universität Halle-Wittenberg vorgeleg-
te Dissertationsschrift vor und widmet
sich darin einem bisher wenig erforsch-
ten, aber zunehmend religionskulturell
bedeutsamen Thema insbesondere im
ostdeutschen Raum: den kirchlich (mit)
verantworteten Alternativen zur Jugendweihe. Die Arbeit überzeugt durch eine
klare theoretische Verortung, eine breite
Wahrnehmung der zugleich konzentriert

dargestellten theoretischen Bezüge und eine umfangreiche
und methodisch sauber geführte empirische Analyse.

Der Band steigt etwas abrupt in die Thematik ein, wesentliche Diskurse werden aber nach und nach einbezogen und
zielführend erörtert. In einem einleitenden Kapitel erfolgt
neben der Darstellung des Forschungsstandes vor allem eine
methodologische Grundierung, die sich mit der religions-
theoretischen wie empirisch-theologischen Basis der Arbeit
beschäftigt. Es folgen ausführliche und hoch instruktive
Darstellungen der Entstehungsbedingungen religiöser Jugendfeiern und ihres Profils. Dann folgen die empirischen
Perspektiven: der Teilnehmenden, der Jugendlichen und
der Konfirmanden.

In ihrem Abschlusskapitel fokussiert Handke auf die religiösen Jugendfeiern als rituellem Ausdruck der „intermediä-
ren Rolle" von Kirche und damit auf ihre Kernthese, die sie
sowohl analytisch wie empirisch als Ergebnis anführt: Dass
es sich bei religiösen Jugendfeiern um eine vermittelnde Praxis handelt, zwischen Religion, Kirche und Christentum auf
der einen und konfessionslos-säkularer Umwelt auf der anderen Seite. Darin erkennt die Verfasserin zugleich ein Grund-
muster von Religion im Allgemeinen und von Christentum
im Besonderen, dass nämlich der Glaube stets „unter den Bedingungen empirischer Partikularität kommuniziert werden"
muss (431). Die Lektüre dieses Buches lohnt sich aufgrund
dieser intelligenten Vermittlung von Allgemeinem und Par-
tikularem, von religiöser Welt heute und Jugendfeiern, sehr!